내가
보고 싶었던
세계

＊일러두기: 이 책의 본문에 나오는 소괄호 안의 설명은 옮긴이 주입니다.

내가
보고 싶었던
세계

석지영 글
송연수 옮김

북하우스

차례

프롤로그 자유라는 선물 · 6

01
낯선 곳에서 뿌리내리기

어린 시절 · 15
1979년 여름, 뉴욕 그리고 영스타운 · 33
잊을 수 없는 슈타이너 선생님 · 47
책읽기는 내 인생을 바꾸었다 · 56
피아노와 바이올린, 춤을 배우다 · 63

02
고통과 탐색의 시간

나, 우리 가족 그리고 한인공동체 · 71
영재학교 헌터스쿨 · 81
SAB, 발레라는 새로운 세계로 · 86
좌절의 나날 · 103
줄리아드 예비학교 · 111
예일대 조기지원 · 125

03
자유를 향하여

대학 시절 · 133
옥스퍼드에서의 대학원 공부 · 148
열정과 흥분으로 가득했던 하버드법대 · 164
두려워 말고 매일 꾸준히 글을 쓰라 · 171
진짜 현실과 법의 세계로 · 175
하버드법대 교수직 지원 · 185

04
하버드에서

법을 가르친다는 것 · 193
하버드법대 최초 아시아여성 종신교수 · 211
무엇보다 나는 가르치는 사람 · 232
한국의 젊은 학생들에게 · 239

에필로그 무엇보다 자신이 사랑하는 일을 찾아라 · 260

감사의 말 · 268
인용 출처 · 270

프롤로그

자유라는
선물

내가 이 책을 쓰게 된 것은 내게도 놀라운 일이다. 삼십대 법대 교수의 삶이 어떤 가치가 있길래 일종의 자서전이 나오게 되었는지, 집필을 시작한 이 순간에도 어리둥절하다. 왜 나는 이 책을 쓰는 것일까?

이 책을 쓰기로 결심한 데는 특별한 이유가 있다. 우리 가족이 미국으로 이민 온 지 30년 후, 전혀 예기치 못한 상황이 벌어졌다. 내가 태어난 나라 한국과 이어질 수 있는 기회가 열린 것이다. 미국법과 법학 교육을 다루는 내 직업 덕택이다. 내가 교편을 잡을 수 있었던 대학이 여러 곳 있었지만 결국 학자로서의 내 경력이 시작되고 종신교수직을 획득한 곳은 하버드였다. 나는 하버드법대의 종신 법학교수로 임명된 첫 한국계 미국인이 되었다.

나의 하버드대 종신교수직 임명은 한국에서 커다란 관심을 불러 일으켰다. 한국인들의 문화적 상상 속에서 하버드가 차지하는 매우 독특한 상징적 중요성 때문이다. 다른 곳에서라면, 학자에게 일어날 법한 일은 아니다. 2011년 가을 이명박 대통령이 미국을 국빈 방문했을 때, 나는 대통령이 주빈인 여러 모임에 초대를 받았다. 놀랍게도 이 대통령은 일면식도 없던 나를 알아보았다. 뉴욕 피에르 호텔에 모인 수백명의 한인인사 속에서 내 얼굴을 보고 내가 누군지를 안 것이다. 내가 대학 캠퍼스를 거닐 때면 어머니와 함께 하버드 투어에 나선 어린 한국소녀들이 나를 따라와 사인을 해 달라고 요청하기도 했다. 미국과 아시아, 유럽 곳곳에서 한국인들이 보낸 감동적인 편지들이 연령을 막론하고 내 메일함에 쌓이고 있다.

내가 이룬 성취가 독특한 것은 아니다. 하지만 이것이 한국인들에게는 커다란 의미를 지닌다는 것을 알게 되었을 때, 미국 이민생활의 변곡점에 서 있던 나는 감동을 느꼈다. 내가 한국에서 받은 지대한 관심과 따뜻한 반응은 내 성취에 대한 증언이기에 앞서, 학자를 영감과 자부심을 주는 존재로 인정하는 한국 사회의 가치관에 대한 증언이기도 하다. 이러한 한국적 가치관, 즉 교육과 배움의 성취를 무엇보다도 중요하게 보는 관점은 내 삶을 형성하는 데 크나큰 영향을 끼쳤다.

나는 유별난 존재sui generis가 아니다. 내 삶은 미국에 거주하는 한인의 삶을 형성한 당대의 문화 관행, 세계사의 전개, 그리고 인구 이주와 동떨어져 독자적으로 진행되어 온 게 아니었다. 그래서 이런 관점에서 나는 더 이상 세상의 과분한 관심에 부끄러움을 느끼지 않게 되었고, 나의 이야기가 단지 나의 것으로 머무르는 데 그치지 않고 한국인들로부터 깊은 흥미를 유발하는 이유를 깨닫게 되었다. 내 삶이 한국인들과 이어져 있기 때문이었다. 그러한 연결을 귀히 여긴다는 것을 알리기 위해 나는 이 책을 썼다. 이 책은 바로 한국인 독자들을 위한 책이다.

미리 독자들에게 알려두자면, 이 책은 사실의 열거라는 측면에서는 불완전하다. 이 책에서 나는 어린 시절에 겪었던 많은 일들을 떠올리는데, 어린아이의 눈에 비친 것은 실제로 일어난 사실이라기보다는 그 사실과 관련해 어린아이가 받은 인상에 더 가까울 수 있다는 게 그 첫째 이유다.

이 책은 나의 이야기지만, 내가 유일한 출연자는 아니다. 단지 나의 이야기를 쓰겠다는 결정 때문에 자신만의 이야기를 품고 잘살고 있는 다른 가족과 친구들까지 강제로 책에 등장시킨 것이 마음에 걸렸다. 그래서 나는 내가 하고자 하는 이야기에 상당히 영향을 끼친 이들만을 매우 조심스럽게 선별하여 포함시켰다. 따라서 내 삶의 중요한 부분이 생략되었을 가능성이 있다는 것이 이 책이 불완전한 두 번째 이유다.

마지막으로, 이 책은 내 인생 전체의 이야기가 아니라는 것, 그리고 내 삶에 일어났던 모든 일을 포괄적으로 언급하고 있지 않다는 점을 밝혀두고 싶다. 이 책은 한국 학생들이 나의 성장과정과 내가 택한 길에 대해 종종 묻는 질문들에 대한 답이며, 내 기억에서 뚜렷하고 의미 깊은 자리를 차지하고 있는 이야기들을 담으려는 시도다. 또한 당연한 것이겠지만, 어른이 된 나의 해석을 통해 한 번 걸러진 이야기다.

이러한 결과로 탄생한 것이 자서전적 성격의 이 책이다. 지금의 나를 형성한 삶에 대한 이야기뿐만 아니라, 원래의 내 배경이나 성장과정에서 비롯된 것은 아니지만 내가 바랐던 열망이나 삶의 방식에 대한 진솔한 이야기까지도 담았다. 나는 내 성장과정과 현재 내가 일을 하고 삶을 꾸려가는 방식 사이에 서로 어떤 관계가 있는지 너무나 자주 질문을 받았다. 그 이유가 이 책을 쓰기로 결심하게 된 큰 부분이다. 이제 천천히 설명하겠지만, 이 책에서 드러낼 나의 원칙들을 요약하자면 이렇다.

즉, 하고 싶은 일을 찾을 것. 일을 놀이처럼 즐길 것. 언제나 새로운 것을 시도하고 위험을 감수할 것. 적절한 시점에 하던 일을 멈추고 휴식을 취하면서 스스로에게 상을 줄 것. 깊은 우정을 맺고 그 우정을 유지하기 위해 힘쓸 것. 크건 작건 무언가를 만들고 창조하는 데 온힘을 다할 것. 젊은이에게 조언자 mentor가 되어 주고 스스로의 조언자도 구할 것. 다른 사람들을 가르침으로써 배울 것. 즐길 것.

나는 한국의 딸이자 미국 시민이며, 생각의 세계의 학생이다. 내가 이제까지 누려온 엄청난 행운의 삶은 또한 내 어머니와 아버지가 만든 작품이다. 과거에서 지금까지도 계속되고 있는 부모님의 도움은 이루 말로 다 표현할 수 없을 정도다. 부모님은 내게 자유라는 선물을 주셨다. 내가 누리는 좋은 것은 모두 부모님의 덕분이기에 가장 신실한 감사를 누구보다도 먼저 부모님께 드리고 싶다. 또한 부모님과 동생들이 품은 내 어린 시절의 기억은 내 기억과는 다를 수 있다는 점을 알기에, 이 책에 대한 그들의 이해와 아량에 감사를 표하고 싶다.

지난 수년간 라니 기니어 하버드대 교수는 1인칭으로 글을 쓰라며 나를 격려해 왔다. 하버드법대에 등록하기 바로 전 여름에 그녀의 회고록을 읽은 것도, 이후 계속 내 삶에 중요한 존재로 그녀가 남아 준 것도 모두 감사할 일이다.

나의 성인 시절을 함께하며 나에 대한 신뢰를 잃지 않은 노아 펠드먼에 대한 감사는 말로 이루 다할 수 없다.

내가 사랑하는 하버드 학생들. 매일 내게 영감을 선사하는 그들이 있기에 나는 미래에 대한 큰 희망을 품고 있다.

마지막으로, 내가 너무나 사랑하는 나의 아이들 재민과 민아에게 이 책을 바치고 싶다. 내가 이제껏 살아오며 제대로 한 일을 한 가지 말해보라고 한다면, 나는 서슴없이 나의 두 아이라 대답할 것이다.

01

낯선 곳에서 뿌리 내리기
Exile to Immigration

"아마도, 우리의 유년 시절에서 가장 충실하게 산 날은 우리가 쓸데없이 소일했다고
믿는 그런 날일 것이다. 좋아하는 책을 읽으며 보낸 그런 날."
— 마르셀 프루스트

어린 시절

우리 부모님은 이북 출신이다. 부모님이 어릴 때 한국 전쟁이 터졌고, 평양에서 살던 친가와 개성과 원산에 뿌리를 두었던 외가는 각자 북한을 탈출하여 남한으로 향했다. 1951년 1월 어머니는 두 살, 아버지는 세 살이었다.

아버지는 장남으로 태어났고, 어머니는 태어나기 전에 손위 오라버니 둘이 세상을 뜨는 바람에 장녀가 되었다. 죽은 오라비의 유지를 이으라는 뜻이었는지, 증조할머니는 어머니에게 '성남'이라는 남자 이름을 지어 주었다.

친가는 지주였다. 친가는 1948년 북한에 세워진 공산주의 정권에 반대했다. 그 이전에 친가는 소유 농토에서 부리던 일꾼들로부터 저택과 토지를 버리고 떠나지 않으면 살려두지 않겠다는 협박을 받은 적이 있었다. 재산을 몰수당하고 가지고 있던 토지에서 쫓겨난 일가족은 친척에게 얹혀살게 되었다.

친할아버지는 1950년 한국전쟁이 터졌을 때 공개적으로 남한을 지지하였고 맥아더 휘하 유엔군의 평양 점령을 열렬히 환영하였다. 그러나 몇 달 후 중공군이 북한을 도와 참전하자 전세는 역전되어 유엔군이 후퇴하였다. 공산체제 하에서는 안전할 수 없다는 것을 깨달은 친가 일가족은 백만 피난민의 행렬에 가담했다.

유독 추웠던 그 해 겨울의 비참한 피난길. 폭격의 와중에 도보로 남하하던 피난민의 거대한 인파에 증조할머니가 휩쓸려 실종되었다. 가족들은 고함을 치며 찾아 헤맸지만 끝내 못 찾았고 두 번 다시 소식도 듣지 못했다고 한다. 아기였던 고모는 추위를 견디지 못하고 할머니의 등에서 얼어 죽었다. 살아남은 가족은 계속 움직였고, 아기의 시신은 제대로 땅에 묻히지도 못하고 차갑게 언 채로 길에 쌓인 다른 시신들과 함께 뒤에 남겨졌다.

다시는 보지 못할 고향과 친척, 영원히 남의 것이 된 토지와 사회적 지위를 뒤로하고 친가는 서울에 자리 잡았다. 슬픔에 잠긴 할머니와 할아버지는 새로운 삶을 시작했지만 생활은 매우 곤궁했다.

자그마하게 꾸려나가던 장사마저 기울자 일가족은 형편이 나았던 친척을 찾아 부산으로 내려갔고, 그즈음 서울고등학교에 합격한 아버지만 서울에 남았다. 가족이 다시 모여 살게 된 것은 아버지가 서울대학교 의대에서 장학생으로 공부할 때였다.

한국전쟁 발발 전에, 외가는 외국 회사들을 상대로 무역사업을 했다. 일제강점기 시절의 많은 한국인들이 그랬듯이, 외할머니와 외할아버지는 일제 식민지 치하에서 학교 교육을 받아 일본어에 능통했다. 외가 또한 친가와 마찬가지로 공산주의를 탐탁하게 여기지 않았고 전쟁이 깊어지면서 북한에서는 안전하지 못할 운명임을 깨달았다. 이미 관공서가 필요하다는 구실을 대며 외가의 집을 빼앗아간 북한 정부였다. 친가가 도보로 평양에서 탈출한 바로 그 달에 외가 역시 피난민이 되어 원산에서 미 군함을 타고 탈출하였다.

서울에 자리를 잡은 외할아버지는 버스사업을 성공적으로 일구었다. 동생들이 태어나고 2남 3녀의 장녀였던 어머니는 고용인과 수입품이 그득한 저택에서 풍요롭고 편안한 생활을 누렸다. 기사가 딸린 자가용을 타고 통학하던 어머니는 학교 건물이 보이기 전에 내려달라고 기사에게 부탁했다고 한다. 전후 곤궁하게 살고 있는 학교 친구들에게 외제 랜드로버 차에서 내리는 모습을 들키고 싶지 않았기 때문이다. 어린 어머니가 가난한 친구들의 눈을 피해 차에서 몰래 내리는 모습이 내게는 빈곤에 허덕이던 전후 한국의

내 돌잔치에서 어머니와. 서울 1974년.

이미지로 각인되어 있다.

　어머니가 대학생이던 1960년대 말, 급격하게 기울던 외할아버지의 사업이 갑자기 파탄났다. 다시 모든 것을 잃은 것이다. 외할아버지는 평범한 회사의 월급쟁이가 되었고 온 가족은 검소하게 살았다. 이따금 외할아버지는 무리해서 피자나 햄버거 같은 미국 음식을 사오곤 했다고 한다. 당시의 서울에서는 귀한 음식이었다.

　어머니는 서울대학교에서 의학을 전공하길 원했지만 외할아버지는 어머니가 남녀공학에 지원하는 것을 허락하지 않았다. 양가댁 규수에게 의학은 너무 어려울 뿐 아니라 적합하지도 않다는 것이 이유였다. 대신 외할아버지는 약학을 권유했고, 어머니는 이화여자대학교 약학과에 진학했다. 그러나 고작 몇 년 후 외할아버지는 딸의 남녀공학 진학을 금하던 방침을 접었는데, 수혜자는 자녀들 중 가장 똑똑하다는 막내 이모였다. 단, 가정학을 전공해야 한다는 조건이 붙기는 했다.

　둘째 딸인 작은이모는 무용과 교수로, 빼어난 미모와 날카로운 유머감각의 소유자다. 작은이모는 이모라기보다는 언니 같은 재미있는 이모로, 내가 언제나 깊은 정서적 유대감을 느끼는 분이다. 춤에 미쳐 다른 것은 생각지도 않던 이모 때문에 외할아버지가 얼마나 골치를 썩였을까는 쉽게 짐작이 간다. 고전발레는 1960년대 한국에서는 거의 알려지지 않은 분야였다. 눈을 어디에 두어야 할지 모를 정도로 민망하게 딱 달라붙은 타이츠를 입은 남자가 반나체의 여자애를 무대 위에서 훌쩍 들어 올리고 공중에서 휙휙 돌려대기까지 하니, 외할아버지에게 있어 발레는 스트립 댄스나 피장파장이었다. 양갓집 여식에게 적합한 것이 아니었다. 외할아버지, 외할머니는 발레를 향한 이모의 정열을 막기 위해 온갖 시도를 다 해보았다고 하는데, 이 문제를 종결시킨 것은 어머니였다. 이모가 최고 명문여대인 이화여대에 들어갈 수 있다면 대학에서 발레를 전공해도 된다는 타협을 이끌어 낸 것이다. 이모는 이화여대에 합격했고, 전문 무용수로 활약하다 대학교수가 되었다.

우리 부모님은 국민학교 6학년 때 중학교 입시를 위한 과외모임에서 처음 만났다고 한다. 두 남녀는 6년 후 대학생이 되어 서울의 대생과 이대약대생을 위한 '미팅'에서 다시 만났다. 학생회장이었던 아버지는 미팅을 주도하느라 이야기할 기회는 없었지만, 두 사람의 시선은 자주 마주쳤다. 졸업 후 얼마 되지 않아 결혼한 부모님은 서로 당신이 자기를 먼저 쫓아다녔다며 농담을 하곤 했다.

1973년, 아버지가 내과 수석 레지던트로 일하던 병원에서 나는 태어났다. 어머니는 한국 베링거 인겔하임 제약회사의 독일인 사장의 특별비서관이었다.

서울 시내 수영장에서 아버지와 함께. 1975년.

부모님의 말에 따르면, 나는 전래동화를 외워 이야기 보따리를 풀어 가며 몇 시간이나 사람들을 즐겁게 하는 조숙한 이야기꾼이었다. 영특한 두 살배기 꼬마 여자애를 보려고 사방에서 이웃들이 몰려왔다는데, 그 말을 곧이곧대로 믿는 건 아니다. 사랑을 듬뿍 받은 아이들은 몇 배는 부풀려진 과거를 가지고 있기 마련이니까. 장남과 장녀 사이에 태어난 맏이로서, 나는 온 집안의 귀염둥이었다.

친할아버지는 인생의 막바지에 다다라 살아 가는 상태였는데 몸이 편찮았다. 할아버지는 사지를 늘어뜨리고 누운 채 때때로 격하게 흐느끼며 작은 집을 말 못할 슬픔으로 채웠다. 그러다가 혼수상태로 빠져 들어 이내 조용해지시곤 했다. 내게 할아버지는 향수의 고통을 마비시키기 위해 잠을 자는 것처럼 보였다.

친할아버지가 돌아가신 후 우리는 친할머니와 고모 둘, 그리고 청소년이던 삼촌과 함께 잠실에 위치한 작은 아파트에서 살았다. 도로 건너편 공터에는 훗날 88올림픽 선수촌이 들어섰다고 한다.

부모님이 출근하면 할머니가 나를 돌봐 주셨다. 할머니는 나를 무척이나 사랑해 주셨다. 격한 포옹에 숨이 멎을 것 같은 적도 이따금 있었다. 할머니의 양손은 부엌일로 축축했고 앞치마에는 절임 국물의 향기가 배어 있었다. 마치 짠내 나는 향수처럼, 할머니의 온몸에서는 눈물과 뒤섞인 김치 냄새가 풍겼다.

군 복무 시절의 아버지와 함께. (위)
제주도 서귀포 도립병원 앞에서 아버지와 동생 지혜와 함께. 1978년. (아래)

어머니와 시어머니 사이의 기싸움은 예견된 바였다. 친할머니는 며느리가 아들 없이 딸만 둘 낳았다는 사실에 상당히 괴로워했다. 훗날 어머니는 우리 집 막내인 셋째 딸을 낳게 되는데, 이로써 '딸만 셋을 두다니 운도 참 없구나'라는 한국식 한탄을 평생 주위에서 듣게 되었다.

아버지와 어머니는 서양의학을 굳게 신봉했다. 미국산 분유가 모유보다 뛰어난 영양분을 갖추었을 것이라 믿은 어머니는 모유수유를 하지 않았다. 할머니가 종종 이런저런 병증을 고치기 위해 한방 약재를 쓰려고 하면 어머니는 질겁했고, 독한 냄새를 풍기는 약초가 밀매품이나 악마숭배에 사용되는 사악한 도구인 양 백안시했다. 나는 지금도 약초 냄새를 맡으면 긴장한다.

어머니의 시각에서 보면, 당신은 가족 내에서 현대적인 모습과 실용적 규율, 자제력을 대표하는 성원인 반면, 친할머니는 아픈 과거와 치유할 수 없는 슬픔, 미신숭배 등 이전 시대를 답습하는 상징이었다.

나는 창틀에 걸터앉아 빨래가 비죽배죽 널린 빨랫줄과 베란다에 놓인 갈색 장독들을 내다보는 버릇이 있었다. 어느 여름날 오후, 무료했던 나는 축축한 무릎 뒤를 창틀에 걸치고 몸을 뒤로 젖혀 대롱대롱 매달렸고, 이윽고 다리에 힘이 빠졌을 때 아무런 저항 없이 허

제주도에서 맞이한 동생 생일에 가족들과 함께, 1978년.

공으로 떨어졌다.

　1층 아파트 베란다에서 장미덤불 위로 떨어진 것이다. 숨을 쉬며 하늘을 바라보는데 팔다리에 가시가 박히고 꽃잎이 달라붙었다. 누군가 알아차리고 오겠지, 하고 기다렸다. 하지만 아무도 오지 않았다. 나는 스스로 몸을 일으키고 가시를 털어 냈다. 머리카락에 들러붙은 신선했던 장미꽃잎은 짓이겨져 있었다. 나는 집 안으로 들어가 다시 창틀에 걸터앉았다.

　나는 당시 군사독재 하에 있던 한국의 일상과 민주화 투쟁을 여전히 기억한다. 어린아이의 눈에 비춰진 그 모습의 참의미를 나는 한국을 떠난 지 한참 후에야 알게 되었다. 야간통행금지도 기억난다. 공습경보 사이렌이 길고 날카롭게 울리면 도로 교통이 멈추고 사람들이 지하로 몸을 숨기던 광경도 기억난다. 매일 일정한 시각에 애국가가 울리면 걸음을 멈춰야 했던 사람들도, 데모를 하다 최루탄을 맞은 삼촌도, 정치적 견해가 다르다는 이유로 투옥된 아버지의 친구들도 기억난다. 어두운 시대의 기억을 뒤로하고 미국으로 떠난 부모님과 나는 훗날 미국 텔레비전과 신문을 통해 한국이 민주화되는 과정과 우리가 떠난 후 급격히 발전한 한국의 모습을 목격하게 된다.

　냉혹한 한국의 현실을 살펴본 어머니는 가족의 희망찬 미래를 위해서 미국으로 가야 한다는 판단을 내렸다. 서른 살이 되기 전에 인생의 굴곡을 여러 번 겪은 경험 때문인지, 어머니는 가진 것을 모두 남겨두고 새로운 곳에서 다시 시작해야 할 것이라는 전망에 위축되지 않고 미국 이민을 떠나기로 굳게 결심했다. 하지만 아버지를 설득하기는 쉽지 않았다. 장남인 아버지는 당신의 어머니와 세 명의 동생을 한국에 남겨두고 낯선 나라로 가야 한다는 사실을 선뜻 받아들일 수 없었다. 태평양이 양국 사이에 놓여 있어도 여전히 모든 가족을 다 보살필 수 있다고 어머니는 아버지를 안심시키려 했다. 하지만 아버지가 미국에서 의료행위를 하기 위해 치러야 하는 자격시험을 준비하고 미국에 직장을 잡은 후 비자를 받은 것은 그로부터 몇 년이 지난 후의 일이었다.

아버지는 멋진 미남 대위로 양평에서 육군 군의관 병역을 마쳤다. 그 후 시골 병원에서 6개월을 근무해야 의사자격 취득이 가능했던 당시 규정에 따라 제주도 서귀포에서 근무하게 되었다. 우리 가족은 아버지를 따라 제주도로 갔다. 나는 매일 병원 밖에서 서성이며 아버지가 일을 마치기를 기다렸다. 아버지가 병원 밖으로 모습을 드러내면 나는 기쁨에 넘쳐 미친 듯이 뛰어가 아버지 품에 안겼다. 더 이상 행복할 수가 없었다. 지금도 손에 꼽을 만큼 너무나 행복했던 추억이다.

아버지는 내게 여러 가지 엉뚱한 이야기를 믿게 하려고 했다. 공동주택의 옥외 공동화장실 밑에 커다란 돼지가 살고 있다는 둥, 근처 섬에는 미역국을 먹지 않아서 턱이 갈라진 사람들이 산다는 둥, 여동생은 다리 밑에서 주워 왔다고도 했다. 모두 거짓말이었다.

아버지는 내 이름 '지영'이 당신이 대학시절에 쓴(그러나 출간하지는 않은) 소설의 주인공 이름이라고 했다. 이게 사실인지 아닌지는 모른다. 나는 내가 아버지의 이상적 여성상에 부합하기를 너무나 간절하게 바랐기 때문에 굳이 진실을 알아내려고도 하지 않았다.

서울로 돌아온 후 어머니는 서울에서 가장 인기 있는 사립유치원에 나를 입학시키는 데 성공했다. 웬만한 대학교보다 더 근사한 교정과 커다란 수영장을 갖춘 천주교재단 유치원으로, 대부분의 부모들이 선망하는 곳이었다. 그 유치원 아이들은 짧은 빨간 망토와 모자를 쓰고서 모두 기사가 딸린 자가용을 타고 통원을 했다. 나는 버스를 타고 다녔다.

하루 여덟 시간 정규 근무를 하는 어머니를 둔 원생도 나뿐이었다. 유치원 특별행사나 단체 생일축하파티에 어머니가 오지 않는 아이도 나뿐이었다. 어머니가 가끔이지만 점심시간을 틈타 늦게라도 유치원 행사에 오면 참 좋았다. 재키 케네디 스타일의 분홍색 모직 정장을 입고 필박스 햇(머리 위에 얹듯이 쓰는 둥근 모자로, 둥근 약상자[필박스] 모양과 닮았다)에 선글라스를 쓴 어머니는 화려하고 멋졌

유치원에서 간 소풍.

다. 어머니는 우리 자매에게도 항상 아주 예쁜 옷을 입혔다. 우리 어머니는 남들과 달랐다. 그래서 나도 남들과 달랐다. 어머니가 사람들 앞에서 나를 안아들고 입을 맞추면, 마치 내 어머니가 아니라 나를 딸 역할의 아역배우로 선택하는 여배우처럼 느껴졌다. 나는 아름다운 어머니가 너무 좋았고 어머니가 중요한 일을 한다는 사실이 자랑스러웠다. 어머니가 나와 많은 시간을 함께할 수 없다는 게 아주 당연한 것처럼 보였다. 하지만 여전히 마음이 아팠다.

유치원을 운영하는 수녀들은 체벌을 선호하여 매일같이 학생들에게 체벌을 가했다. 나도 두꺼운 나무 자로 거의 매일 매를 맞았다. 내가 나쁜 짓을 했기 때문이 아니라 앞으로 더 좋은 아이가 되게 하기 위해서라는 것이 체벌의 이유였다. 그러한 체벌이 과연 효과적이었을까? 다섯 살배기 아이들은 유치원 공연에서 뮤지컬이나 무용을 프로처럼 완벽하게 해내기는 했다. 화음과 박자, 음정을 완벽하게 연습한 결과였다. 반면, 지금 우리 아이들이 다니는 케임브리지의 사립학교에서 열리는 공연은 즐겁지만 제멋대로의 불협화음이 판친다. 그래도 나는 선생님이 내 아이들을 자로 다스리기를 원하지는 않는다.

나는 잠실의 한 초등학교에서 60명의 조용한 학생들과 함께 몇 달간 1학년 생활을 했다. 집단예방접종을 받기 위해 줄을 서기도 했고, 학교의 널따란 운동장에 모두 모여 군대식 아침체조를 하기

성요셉 유치원의 실로폰 합주회 그리고 졸업식.

도 했다. 어린 학생들이 칠판을 향해 나란히 앉은 교실의 벽 위에는 준엄한 표정의 박정희 대통령 사진이 걸려 있었다. 친구들 앞에서 팔이 떨어질 듯 아플 때까지 양손을 높이 들고 서 있는 벌을 받기도 했는데, 왜 받았는지는 기억이 나지 않는다. 100점을 받지 못한 아이들이 전보다 깎인 점수만큼 회초리로 손바닥이나 종아리를 매섭게 맞던 기억도 있다.

방과 후에는 어머니가 일을 마칠 동안 학원에 가서 산수를 공부해야 했다. 나는 어머니가 무척 그리웠다. 때때로 나는 학원까지 혼자 걸어가 안으로 들어가지 않고, 지하 교실로 난 창문을 통해 학생들이 고개를 숙이고 부지런히 연필을 움직이는 모습을 들여다보며 딴청을 피우기도 했다. 내가 농땡이를 부린 걸 어머니가 알면 회사에 출근하지 않고 나랑 있어 줄까? 생각해 보기도 했다. 얼마 지나지 않아 어머니는 직장을 그만두었다. 우리가 미국에 가게 되었기 때문이다.

1979년 여름, 뉴욕 그리고 영스타운

1979년 여름, 내가 만 여섯 살, 내 동생이 만 네 살 되던 해, 우리 가족은 뉴욕으로 떠났다. 증가하는 인구 탓에 수십 년 동안 의료 인력난을 겪던 미 의회는 고숙련 전문직을 우대하는 이민법을 통과시켰고, 그 이민법의 혜택으로 1970년대 초반 미국에 건너온 한국 이민자들의 약 3분의 1이 의사였다. 아버지의 의대 동창 약 절반이 이민의 물결을 타고 미국으로 건너온 덕분에 아버지 동창회는 가끔 서울이 아닌 로스앤젤레스나 뉴욕에서 열리곤 한다.

고향을 떠나기로 한 부모님의 대담함은 지금 생각해도 놀랍다. 한국에서 쌓은 지위도 버리고 뉴욕의 브루클린 쥬이시 병원Brooklyn Jewish Hospital에서 레지던트 생활을 시작한 아버지는 영어도 거의 구사하지 못하는 상태였다. 역사학자들 중에는 당시의 한국인 이민 현상을 한국전쟁에서 비롯된 이주의 연장이라고 보는 이들도 있다. 가진 것을 남겨두고 새로운 곳에서 새로운 시작을 하는 경험은 한국전쟁에서 겪은 경험의 반복이었다. 이민은 새로운 미래를 뜻하는 동시에 고향으로부터의 유랑이라는, 그리 오래전이 아닌 과거와 맥락을 같이하는 사건이기도 한 것이다.

훗날 고모들이 전하기를, 내가 미국으로 떠난 후 친할머니는 나를 향한 그리움이 사무쳐 거의 실성할 만큼 절망에 빠졌다고 했다. 흐느끼며 내 이름을 부르면서 잠실 일대를 헤매는 할머니의 모습이 떠올랐다. 아마도 길가에서 뛰어노는 여자아이들이 모두 나로 보였으리라.

영어를 모르는 상태에서 나는 퀸즈 자메이카(뉴욕 시의 행정구역)에 위치한 천주교재단의 홀리 패밀리 초등학교에 1학년으로 들어갔다. 친할머니가 천주교 신자이기는 했지만, 부모님이 종교적인 이유로 학교를 선택한 것은 아니었다. 근처 공립학교는 적절한 학습 환경을 제공하지 못한다는 어머니의 판단 끝에 가계 재정상 꽤 부담이 되는 학비를 감수하고 사립학교를 선택한 것이다. 내 학비 때문에 동생은 일주일에 이틀만 어린이집에 보낼 수 있었고, 동생은 그 소중한 이틀을 손꼽아 기다리며 나머지 나날을 보냈다.

단 한 마디의 말도 이해할 수 없는 낯선 환경에 갑자기 떠밀려 들어갔을 때 느낀 극한의 공포를 어떻게 묘사해야 할까. 언어는 나와 세상을 이어주는 끈이었다. 이제 그 끈이 끊어지자 나는 혼란에 빠졌다. 공통의 언어라는 울타리에서 떨려났다는 외로움은 모든 것에 영향을 미쳤다. 친구를 사귀는 것은 고사하고 '화장실에 가도 되나요' 하고 묻는 것조차, 마실 물을 얻는 것조차 제대로 할 수 없었다. 점점 깊어지는 고립 속에서 나의 존재는 점점 작아져 갔고, 내 자리를 취하지 못한 채 말 못하는 관찰자로 1학년을 보냈다. 아이들의 입에서 나오는 소리를 이해할 수 없었고, 웃음소리를 들어도 같이 웃을 수 없었으며, 학급활동에 참여할 수도 없었다. 그런 것 하나하나가 나의 거리감을 더 깊게 만들었다.

여섯 살 어린이의 경우, 언어를 관장하는 뇌는 유연하다. 몇 달의 시간이 흐르자 영원히 머무를 것 같던, 지독하게 수동적인 침묵의 구름이 서서히 걷혀 갔다. 이해할 수 없던 소리가 일부 알아들을 수 있는 단어로 변하기 시작했다. 그 단어들이 모여 이해의 틀을 이루며 주위에서 일어나는 일의 모양새를 파악할 수 있게 되었다. 이렇듯 '0퍼센트의 이해도에서 시작하여 극도의 고생 끝에 상황을 장악하는' 지난하고 아픈 과정은 배움과 인생에 있어서 나의 고통스런 모델이 된 것 같다. 역량이 심하게 부쳐 길 잃은 감정을 맛본 경험은 내 성격 형성(아니, 성격의 파괴라고 해야 할까)에 여러 모로 영향을 미쳤다. 매우 난폭한 방식을 통해 생존을 위한 본능을 일깨우-

고 관찰의 힘을 기르게 된 아이는, 한국어 표현에 의하면 '눈치'라는 것을 갖게 된 것이다. 그 시절은 정말 힘들었다. 꿋꿋하게 시련을 이겨내려는 나의 능력과 의지가 지금껏 살면서 그 당시보다 더 혹독하게 시험에 든 적이 없다고 해도 지나치지 않다. 언어 이해에 문제가 전혀 없는 지금도 그 시절 느낀 고독의 물결이 때때로 밀려올 때가 있는데, 당시 맛보았던 정체를 알 수 없는 단절의 기묘한 감각을 순간적으로 또다시 느끼곤 한다.

외할머니는 미국으로 떠나는 동생 지혜와 나에게 조각보 이불을 한 채씩 꾸려 주었다. 무늬가 맞는 한 쌍의 이불로, 동생 것은 초록색, 내 것은 주황색이었다. 우리와 함께 지구 반 바퀴를 돌아온 그 이불은 어린 시절 내내 우리 침대를 덮고 있었다. 우린 아직도 그 이불을 가지고 있다. 동생 것은 흠집 없이 여전히 새것 같지만 내 것은 너덜너덜하고 여기저기 기워서 거의 폐기 직전이다. 불안에 떨던 내가 안온한 느낌을 갈구하면서 하도 자주 껴안아서 해진 것이다. 내가 가는 곳마다 항상 함께했던 이 이불은 이제는 상상 이상으로 부드러워지고 투명할 정도로 닳아서 면이 아니라 하늘거리는 시폰 천처럼 느껴질 정도다. 지금도, 낯익은 포근함에 감싸여 안전함을 느끼고 싶은 밤에는 이불장에서 그 이불(이불의 잔해라는 표현이 더 어울리겠다)을 꺼낸다. 하지만 그렇지 않아도 너덜너덜한 이불이 꺼내질 때마다 조금씩 더 상하기 때문에 되도록 꺼내지 않으려고 애쓴다. 그것은 다른 것으로 대체할 수 있는 이불이 아니다.

나는 언제부터 김치를 싫어하게 되었을까? 처음에는 소아기적 혐오를 느끼더라도 어느 순간엔 김치를 좋아하게 되는 것이 한국 아이들이다. 한국인이 김치를 원하는 것은 피할 수 없는 운명인 것이다. 그러나 나는 예외였다. 코를 날카롭게 찌르는 냄새에 계속 적응하지 못했다. 발효된 짙은 냄새에 숨이 막혀 고개를 돌려야 했다. 나는 김치에 시선이 가지 않도록 의식적으로 피했다. 냉장고 안 유리병 속에 꾹꾹 눌러 담긴 김치. 핏빛 국물 위로 솟은 밝은 주황색의 김치에서 풍기는 냄새는 지울 수도, 피할 수도 없었다. 한민족의 본능이 곧 모습을 드러내겠지, 낙관하던 어머니는 자신감을 잃기 시작했고, 어느 순간 내게 김치를 먹이려는 노력을 멈췄다. 절인 배추에서 풍기는, 코를 찌르는 냄새는 나의 비틀린 일면을 남에게 들켰을 때와 같은 부끄러움과 연관이 되었다. 나는 김치를 먹지 못하는 한국 아이였고, 이것은 생각조차 할 수 없는 일이었던 것이다.

미국행 노스웨스트항공 비행기 안에서 어머니는 미국의 풍요로움에 대해 이야기했다. 우리가 가는 곳은 번영의 땅으로, 물자가 매우 풍족하여 사람들이 도둑 때문에 문을 잠그는 일도 없다고 했다. 당시 뉴욕은 불안한 치안으로 악명 높았다. 우리가 자리 잡은 퀸즈는 엄마가 약속했던 유토피아와는 거리가 멀어도 한참 멀었다. 일주일이 멀다하고 불쾌한 범죄형 사건이 꼬박꼬박 발생하는 것 같았고, 거리에 주차해 놓은 우리 차도 피해를 입었다. 우리 차는 갈색 스테이션 왜건이었는데, 누군가가 야구 방망이로 차창을 부수고

카세트 플레이어를 뜯어간 것이다. 아파트에 도둑이 든 적도 있었다. 훔쳐갈 것이 많지는 않았지만.

전업주부가 된 엄마는 예전에는 누리지 못했던 자유시간과 에너지를 철저히 즐겼다. 우리 옷을 짓고, 요리하는 법을 배우고, 내가 피아노 레슨을 받는 동안 재즈 즉흥연주 수업까지 들었다. 우리는 엄마가 손수 지어준 예쁜 물방울무늬 광대 의상을 입고 할로윈의 밤거리에 나서기도 했다. 집에 장난감은 거의 없었다. 크리스마스에 선물로 하나씩 받았던 게 기억난다.

미국에서 몇 달을 보낸 후 아버지는 뉴욕이 평소에 꿈꾸던 아메리칸 드림을 이룰 곳이 아니라고 결론을 내렸다. 오하이오 주에서 진료를 하는 의대 동창생들과 상담을 한 아버지는 오하이오 주 영스타운에 위치한 세인트 엘리자베스 병원에서 레지던트로 근무하게 되었다. 우리 가족은 영스타운으로 이주했고 나는 새 학교에 2학년으로 들어갔다. 미국 중서부 도시 영스타운은 다양한 인종이 사는 지역은 아니었다. 나는 우리 반에서 유일한 동양인이었고 내 동생 또한 마찬가지였다. 우리 자매의 영어는 여전히 부족한 점이 많았다.

동생의 유치원(미국 유치원은 의무교육으로 초등학교 교육과정에 포함되어 있다) 선생님은 동생이 청각장애가 있는 것이 분명하다고 주장했다. 질문을 하면 다른 아이들과는 달리 반응이 없다는 것이다. 선생님의 오해가 너무 답답했던 어머니는 영어를 잘 모르는 아이가 새로운 언어를 습득하는 과정을 겪고 있을 뿐이라고 주장했지만 선생님을 납득시키는 데 실패하고 결국 청각전문의에게 동생을 보내게 되었다. 전문의가 행한 광범위한 청각 테스트는 놀라울 것도 없이 동생의 청각이 정상이라는 것을 증명해 주었다.

어머니는 이번에도 우리를 천주교재단 학교에 넣었다. 근처에서 가장 좋은 학교라고 판단했기 때문이다. 어머니는 종교교육을 원하지도 않았지만 학교 성격상 딸려 오는 종교교육을 굳이 거부하려는 생각도 없었다. 하지만 곧 상황이 달라졌다. 학생들은 2학년부터 첫 영성체 예식을 준비하게 되는데, 이를 위해 학교는 매일 일정 시간을 종교수업에 할애했다. 그런데 어머니가 나를 그 수업에는 참여시키지 않기로 결정한 것이다. 언어장벽으로 이미 고립된 상태에서 나는 다른 아이들이 성장의 예식을 함께 준비하며 더 친해지는 동안 혼자 앉아 있어야 했다. 괴로웠다. 내가 다른 아이들과 다르다는 것을 세상에 더 뚜렷하게 알리고자 하는 음모에 말려들었나, 의아했다. 마치 내가 남과 다르다는 것을 잊고 있기라도 한 것처럼.

철강도시로 유명한 영스타운은 주민들 다수가 제철노동자였는데, 우리가 도착한 1980년에는 상황이 좋지 않았다. 철강산업이 10여년간 하락세를 겪는 바람에 제철소들이 문을 닫았고 실업자들이 양산된 것이다. 영스타운은 예전의 영화를 결코 다시 누릴 수 없을 터였다. 나와 친했던 제니퍼의 아빠도 그 해 공장에서 해고된 철강노동자였다. 암울한 분위기였다.

훗날, 법대에서 나는 제철산업과 관련된 한국전쟁 당시의 유명한 판례를 배우게 된다. 철강노조의 파업이 한국전쟁에 악영향을 미치고 소련의 도발을 조장할 것이라 믿은 트루먼 대통령이 1952년 제철소들을 압류한 사건을 다룬 '영스타운 쉬트앤튜브 컴퍼니 대 소이어Youngstown Sheet & Tube Company v. Sawyer', 일명 '철강 압류 사건'이라 불리는 판례인데, 미 대법원은 대통령에게 제철소를 압류할 법적 권한이 없다고 판결을 내렸다. 행정권 제한에 대한 이 획기적 판례를 하버드법대 헌법 수업에서 공부하며 나는 처음으로 영스타운에서 보낸 어린 시절의 기억과 미군의 한국전쟁 개입, 한국에서의 우리 가족사를 처음으로 연결 지어 생각해 보게 되었다.

영스타운의 한인사회는 작지만 활발했다. 한인들은 일요일마다 한 감리교회에 모여 주일 아침예배를 드린 후 하루 종일 먹고 놀았다. 그러던 어느 날, 한인사회에 대해 알게 된 한 지역 방송국이 영스타운의 한인과 한인문화를 다룬 방송 프로그램을 만들고 싶다며 연락해 왔다. 어머니는 TV 방송을 위해 당신의 맏딸이 한국 고전 무용을 출 것이라고 자원했다.

"엄마, 난 춤출 줄 몰라."

"괜찮아, 내가 가르쳐 줄게."

고전무용이라곤 전혀 몰랐던 어머니는 내게 한복을 입히고 〈도라지타령〉 노래 테이프에 맞춰 당신 눈에는 그럴 듯하게 보일 정도의 발짓을 지어냈다. 뉴스 편집자는 전통의상을 입고 모국의 '정통' 무용을 추는 한인 꼬마소녀에게 홀딱 빠졌다. 춤을 추는 내 모습은 한인들을 다룬 지역뉴스 방송에 나왔을 뿐 아니라, 이후 수년 동안 저녁뉴스 오프닝 영상에 포함되며 불멸의 생명을 얻었다.

무용수 이모가 동료 무용수들을 이끌고 미국을 방문했을 때, 어머니는 참지 못하고 텔레비전에 나온 내 영상을 자랑했다. 무용수들은 어머니가 제멋대로 아무렇게나 만든 내 발짓을 보며 심장마비가 올 정도로 웃어댔고, 나는 너무 창피해서 어딘가로 도망쳐 죽고 싶었다. 다시는 엄마에게 떠밀려 세간의 관심을 받지는 않겠다고 맹세했다. 만약 내가 스스로를 창피하게 만든다면, 그건 바로 내 의지에 따른 것이어야 할 것이다.

우리는 레지던트 주거용 아파트에 살았다. 아파트와 병원은 밋밋하고 차가운, 비밀 공습대피소처럼 생긴 기다란 지하터널을 통해 연결되어 있었다. 우리는 일주일에 한 번 병원 식당에 가서 저녁식사를 할 수 있었다. 레지던트들이 누리는 혜택의 하나였다.

부모님은 같은 아파트에 사는 멕시코인 가족 둘과 친해졌다. 남편들은 우리 아빠와 마찬가지로 외국에서 의대를 졸업하고 영스타운에 레지던트로 온 사람들로, 아빠와 함께 근무했다. 아내 셋은 함께 모여 바느질과 직조를 하고 베갯잇과 냄비 받침 등을 만들면서 낮 시간을 보내는 친구들이 되었다. 그러던 어느 날 저녁, 멕시코인과 한인은 우호적인 결투를 벌이게 되었다. 모국 음식이 얼마나 매운지에 대해 서로 뻐기던 남편들이 마침내 결전의 날을 가지기로 한 것이다. 김치 대 멕시코 요리. 매운 향료의 대전이었다.

결과는 처참했다. 애초에 상대가 되지 않았다. 어머니가 최선을 다해 맵게 만든 김치를 멕시코 친구들이 눈 하나 깜짝 않고 즐겁게 해치우는 동안, 우리 부모님의 눈엔 눈물이 그렁그렁 맺혔다.

교회에 가지 않는 주말의 영스타운은 별로 할 것이 없었다. 우리는 대형 쇼핑센터인 K마트 안을 누비든가, 동네 맥도날드에 설치된 어린이 놀이터에서 장난치며 시간을 보냈다. 맥도날드에서 처음으로 빅맥을 맛보던 날을 기억한다. 한입 베어 물었을 때 나는 구역질이 났다. 미국식 피클, 양겨자, 마요네즈를 한 번도 맛본 적이 없던 내 입에 그 세 가지가 한꺼번에 다 들어온 것이다. 내가 아는 햄버거는 이런 맛이 아닌데? 토할 것 같았다. 그 세 가지 음식은 지금도 내 인생에서는 금지품목이다. 보기만 해도 입맛이 떨어질 지경이다. 그런데 실수라도 해서 먹게 된다면……. 아, 상상만 해도 끔찍하다.

영스타운에서 레지던트로 일을 시작한 지 며칠이 채 되지 않아 아빠는 여기는 아니라는 결론을 내렸다. 뉴욕으로 돌아가기로 결심한 아버지는 브루클린 쥬이시 병원에서 아빠의 조언자 역할을 했던 친절한 분에게 다시 받아달라고 요청했다. 이리하여 오하이오 주로 이사 온 지 일 년 만에 우리는 스테이션 왜건 뒤에 연결한 이삿짐 트럭에 다시 짐을 싣게 되었다. 창고 세일garage sale에서 산 중고 플라스틱 크리스마스트리와 산타클로스 할아버지가 가져다 준 새 볼드윈 업라이트 피아노까지 모두 밀어 넣은 후 우리는 오하이오 주를 떴다. 밤에는 고속도로 휴게소에서 트럭운전사들과 함께 잠을 자고 낮에는 부지런히 뉴욕으로 차를 몰았다. 퀸즈에 도착했을 때 우리는 전 재산을 차 뒤에 질질 끌고 다니며 셋집을 찾아 유목민처럼 동네를 헤맸다. '세 줍니다'라는 푯말을 볼 때마다 차를 멈추고 문의를 했다.

내가 자란 퀸즈 아파트 건물에는 전 세계에서 몰려온 민족들이 살고 있었다. 놀라울 정도로 다양한 구성이었다. 요르단과 멕시코, 아르메니아, 일본, 체코슬로바키아, 인도, 중국, 쿠바, 그리고 이스라엘에서 온 아이들이 나랑 놀았다. 여러 곳의 다른 세계에서 온 사

미국에서 처음 정착한 뉴욕 홀리스. 다민족축제에 민속의상을 입고 참가했다. 1979년.

람들이지만 사정은 너무나 똑같았다. 전쟁과 피난, 원치 않은 이주, 생존, 탈출, 그리고 재건. 모두 새로운 삶을 위해 미국으로 건너온 것이다.

당시는 어른 없이 아이들끼리만 돌아다니며 놀아도 괜찮은 시대였다. 부모가 성인의 관리 없이 아이들끼리만 있게 놓아두어서는 안 된다는 철칙이 있기 전이었다. 우리 동네 아이들은 사계절 내내 밖에서 살다시피 했다. 아침부터 어둑어둑해질 때까지, 학교수업 도중만 아니면 아무 거리낌 없이 정신이 나갈 정도로 신나게 놀았다. 롤러스케이트와 자전거를 타고, 툭, 하고 치기놀이를 하고, 사방치기놀이에 고무줄놀이를 하고 분수 사이로 뛰어다녔다. 겨울엔 플라스틱판을 타고 썰매놀이도 했다.

우리는 친구네 집에 몰려가 전날 먹다 남은 만두와 카레, 굴라시 수프를 얻어먹었다. 공산주의와 전체주의 독재자, 제노사이드, 고문에 대한 이야기를 나누기도 했다. 친구들 나라의 전통복장을 입고 놀기도 했다. 팔다리가 부러지거나 긁히고 멍이 들기도 했고, 부모님들 모르게 싸우고 마음의 상처를 받기도 했다. 자녀를 세심하게 관찰하고 보육하는 오늘날의 자녀교육법 관점에서는 끔찍한 일이겠다. 내가 소녀 시절 퀸즈에서 맘껏 누렸던 자유와 스릴 넘치는 위험이 얼마나 아찔하고 흥분되는 것이었는지 내 아들딸은 결코 알지 못하리라.

미국에 온 지 2년이 채 안 되어 나는 영어로 생각하고 꿈을 꾸게 되었다. 이러한 변화를 눈치 챈 부모님은 집에서는 한국말을 사용해야 한다는 규칙을 세우려고 했다. 하지만 이미 밀려들기 시작한 파도는 다스리기엔 너무 거셌다. 한국어 엄수라는 부모님의 단호한 결심은 흔들렸다. 새로운 삶을 헤쳐 나가는 이민자로서 어머니 아버지는 다른 긴박한 문제가 많았다. 생존의 급박한 필요성에 훈육의 시행은 뒷전으로 밀려났다. 아이가 집에서 영어를 사용하면 쫓아내거나 벌을 심하게 주는 한인 이민자 가족들도 있다고 한다. 하지만 우리 부모님은 두 언어를 완벽하게 구사하게 딸들을 키우려는 의욕을 서서히 포기했고, 부모가 한국어로 말하면 자녀는 영어로 대꾸하는 등, 두 언어가 무리 없이 병용되는 정도에 만족하게 되었다.

잊을 수 없는 슈타이너 선생님

나는 학교에서 매우 내성적인 학생이었다. 이제는 언어를 이해할 수 있었고 필요하면 소통도 할 수 있었다. 하지만 학교는 아직도 두려움과 고립의 장소였다. 나와 학교 사이에 놓인 틈은 더 이상 단순히 언어의 문제가 아니었다. 그보다 더 넘어서기 힘든 것이었다. 학교에 가는 것이 두렵고 꺼려졌다.

밤마다 겁에 질려 잠을 이루지 못하는 바람에 수면부족으로 헛것을 보기도 했다. 신기하게도 어머니 아버지에게 말해야 한다는 생각은 들지 않았는데, 아마 무엇이 두려운지조차 몰랐기 때문인 것 같다. 정체를 알 수 없는 초조함 속에서 나는 머리카락을 뽑는 버릇이 생겼다. 한 번에 한 올씩. 굵은 검은색 머리카락이 교실 책상 밑과 침대 옆에 수북이 쌓여갔다.

어린 시절 자주 꾸었던 꿈이 있다. 언제부터 그런 꿈을 꾸었는지 모르겠다. 엄밀히 따지면 꿈이 아니라 악몽이라고나 할까. 귀를 멍하게 할 정도로 크게 매미 떼가 운다. 나는 길을 잃었고, 집에 가는 길을 찾으려 애쓰고 있다. 나는 들판, 아니 미로를 헤매고 있다. 나를 둘러싸고 빽빽이 들어찬 풀이 나보다 키가 커서 그 너머를 볼 수 없다. 배가 고프고 목도 마르다. 게다가 나는 여동생을 등에 업고 있다. 내가 있는 곳이 어딘지 전혀 모르겠다. 걸어도 걸어도, 가까워지는 건지, 멀어지는 건지, 같은 곳을 빙빙 도는 건지 전혀 감을 잡을 수 없다. 도와줄 사람도, 물어볼 사람도 없다. 동생을 집에 무사히 데리고 가는 게 내가 맡은 일이지만 끝이 보이지 않는다.

마침내 악몽에서 깨어나면 마치 막힌 숨이 트이는 것 같았다. 밤에 잠자리에 들 때, 또다시 이 꿈 속에 갇힐까 나는 두려웠다. 매미 소리만 들으면 지금도 긴장감에 이를 악물게 된다. 20대 시절, 프로방스의 긴긴 어느 여름밤에 깨달은 일이다.

뉴욕 시에서 가장 똑똑하고 고등교육을 받은 여성들이 정년까지 공립학교 교사로 지내는 것이 상례이던 시절이 있다. 내가 다니던 초등학교의 선생님 다수가 그러한 세대로, 20세기 초반 동유럽을 탈출하여 미국 시민이 된 부모님 슬하에서 자란 유대인 여성들이

초등학교 시절의 여름방학, 뉴욕 집에서, 1982년.

동생들과 공원에서.

었다. 그들은 나를 처음으로 자극한 안내자들로, 지금은 모두 돌아가셨다. 클라인 선생님, 뉴먼 선생님. 로젠탈 선생님, 슈타이너 선생님, 그리고 코언 선생님. 엄격했지만 학생을 향한 사랑이 가득했던 선생님들은 이구동성으로 너는 더 잘할 수 있다고, 네 자신을 과소평가하고 있다고 말씀해 주셨다. 선생님들은 나의 수호천사였고 내가 무너지게 내버려두지 않았다.

그렇지만 나는 엉망진창이었다. 학교에서의 시간은 하릴없이 쏜살같이 흘러갔다. 그러던 어느 날 내게 화를 낸 4학년 담임 슈타이너 선생님, 나는 그날의 선생님을 결코 잊지 못할 것이다. 학생들에게 교실에서 조용히 자습을 하라고 지시한 선생님은 내게 교실 밖에서 할 이야기가 있다고 하면서 나를 불러냈다. 나는 복도로 나와 벽에 기대섰다. 선생님은 화가 난 표정으로 잡아먹을 듯 가까이 다가와 나를 쳐다보았다.

"대체 뭐가 문제니? 너는 미셸이나 사이먼에게 절대 뒤지지 않을 만큼 똑똑해. 그애들만큼 잘하고 있어야 한다고."

미셸과 사이먼은 수업 때마다 항상 손을 들고 정답을 말하는 학생이었다(우연이지만 사이먼은 한인 소년이었다. 이사를 가 연락이 끊긴 후 거의 30년 만에 그는 내 페이스북 친구가 되었는데, 하버드를 졸업하고 의사가 되었다는 것을 알았다). 그 두 아이는 항상 당연히 칭찬을 받았다.

"지니는 항상 꿰다 놓은 보릿자루처럼 앉아 있어. 하지만 너는 제일 잘하는 아이들 사이에 끼어 있어야 한다고. 그렇게 되고 싶지 않아?"

할 말이 없었다. 나는 그저 소리 없이 흐느꼈다. 진실로 꿰다 놓은 보릿자루가 된 기분이었다.

슈타이너 선생님은 그날 집으로 갔고, 다시 돌아오지 않았다. 편찮으시다고 교장선생님이 말했다. 폐암이었다. 그리고 몇 주 후 선생님은 세상을 떠나셨다.

선생님을 애도하기 위해 학교에서 추도식을 열 것이며, 전교생 앞에서 추도사를 낭독할 학생을 한 명 뽑겠다고 교장선생님이 발표했다. 당시 초등학교에서는 각종 대회가 유행이었다. 없는 대회가 없었다. 철자법 맞추기 대회, 과학품평회, 재능발표회 등등. 슈타이너 선생님의 추도식에서 추도사를 읽고 싶은 학생은 자신이 쓴 추도사를 가지고 대회에 참가할 수 있었다. 지원한 학생들의 추도사를 교장이 들은 후 최종 선발을 할 예정이었다.

선생님의 죽음을 슬퍼하는 아이들을 이용하여 추도사 낭독자를

미국 학교에서. 1983년.

뽑는 대회라니. 연극 주인공을 뽑는 오디션도 아니고 기묘하지 않은가? 하지만 그때는 그런 생각이 들지 않았다. 슈타이너 선생님이라면 "내가 할 수 있어요. 나도 다른 학생들하고 경쟁할 수 있어요, '전교생' 앞에서 이렇게 어려운 주제에 대해 깊이 있게 이야기할 수 있어요" 하고 나서는 아이를 존경해 줄 거라는 생각만이 떠오를 뿐이었다. 생전에 꿔다 놓은 보릿자루를 싫어한 선생님이 사후라고 해서 마음을 바꿀 것 같지는 않았다. 게다가 선생님은 이제는 앞으로 나서라는 의미로 나를 다그쳤다는 생각이 들었다. 죽음을 맞기 위해 학교를 떠나기 전 마지막으로, 당신 자신이 아닌 나를 위해서.

나는 추도사를 썼고, 읽기 연습을 한 후 교장선생님에게 갔다. 나는 온 마음을 다해 열심히 읽었으며, 죽음에 대해 현명하게 보이려고 애썼다. 승자는 내가 아니었다. 나를 제외한 유일한 참가자, 로즈메리가 승자였다. 그 아이의 추도사를 들었을 때 나는 그 이유를 알 수 있었다. 내 추도사가 우울하고 어른인 척 허세를 부리는 글인 데 반해, 그 아이의 추도사는 구구절절 마음이 따뜻해지는 글이었다. 비록 추도사 헌정에는 성공하지 못했지만, 슈타이너 선생님이 나를 자랑스러워할 거라는 생각이 들었다. 전교생 앞에서 단상에 선다는 생각만으로도 겁에 질렸지만 그 마음을 최대한 누르고 노력한 나를 말이다.

이 일 이후 나는 여러 가지 대회에 계속 도전했다. 교내 철자법 맞추기 대회, 수학경시대회, 재능발표회, 과학품평회, 학교 주제가 선정 대회 등등. 어느 대회에서도 나는 이기지 못했다. 그러나 나는 그 과정에서 내가 승부를 거는 것을 좋아한다는 사실을 깨달았다. 경쟁을 위해 노력을 하는 것도, 다른 사람에게 보여줄 수 있는 결과물을 만들어 내는 과정도 즐거웠다.

매일의 학교생활에서 나는 내성적 성향 때문에 여전히 소극적이었다. 하지만 기회가 주어질 때마다, 남들 앞에 나서도 된다는 명확한 허락과 뚜렷한 길이 제시되는 경우마다, 나는 나서고 싶어 하는 나 자신을 발견했다. 매번 도전할 때마다 전보다는 조금 더 용기가 났고 예의 끔찍한 수줍음이 잠시나마 사라지는, 참으로 신비로운 발전 과정을 겪었다. 미국독립전쟁을 다룬 4학년 연극에서 나는 미국 건국의 아버지 중 한 명인 패트릭 헨리의 역할을 맡아 열정적으로 외쳤다. "내게 자유를 달라. 아니면 죽음을 달라!"

책읽기는
내 인생을 바꾸었다

'책이란 무릇 우리 내면의 얼어붙은 바다를 깨는 도끼가 되어야 한다.'
- 프란츠 카프카

　　　　　소설과 시를 읽을 수 있게 되었을 때 내 인생은 바뀌었다. 한스 크리스티안 안데르센의 『성냥팔이 소녀』는 나에게 큰 영향을 끼쳤던 첫 번째 소설로 기억된다. 어느 추운 섣달그믐 밤의 거리, 가난한 맨발의 소녀가 허기를 참으며 성냥을 팔지만 사람들은 휙 지나쳐 갈 뿐이다. 약간의 온기를 위해서 추위에 곱은 손으로 성냥을 하나씩 하나씩 켜는 소녀는 성냥불빛 안에서 따스함과 사랑이 넘치는 광경을 본다. 크리스마스트리와 만찬, 연말의 기쁨을 함께 누리는 가족. 하늘 위로 흐르는 유성을 본 소녀는 돌아가신 할머니의 말을 떠올린다. "유성은 누군가가 죽어서 천국으로 갔다는 뜻이란다." 소녀는 다시 성냥불빛에 몸을 녹이며 불빛에 비치는 광경을 흐뭇하게 바라본다. 사랑하는 할머니가 자신을 안아 올려 하늘을 같이 나는 모습이 보인다. 다음날 아침, 성냥을 꼭 움켜쥔 채 얼어 죽은 소녀가 거리에서 발견된다.

이 이야기가 왜 그토록 감동적이었던 것일까. 홀로 남겨져 할머니의 사랑을 그리워하는 어린 소녀의 이야기였기 때문일까. 전쟁통에 할머니의 등에서 얼어 죽었다는 아기 고모가 떠올라서인지도 모른다. 소녀에게는 성냥이 전부였다. 성냥을 하나 그을 때마다 소녀가 품은 소망이 하나씩, 소녀가 그리는 환상이 하나씩 불빛 속에 떠올랐다. 춥고 황량한 세상에서 외로움에 떨던 소녀를 한순간 한순간 불빛으로 감싸준 성냥. 그런 성냥이 내게는 작은 책처럼 느껴졌다.

책읽기는 나의 포근한 피난처가 되었다. 책에 나오는 다른 이들의 생각과 느낌을 읽고 있노라면 마치 내가 그들을 아는 것처럼, 그들이 나의 일부처럼 느껴졌다. 내가 처음으로 그렇게 느낀 사람도 아니며 그렇게 느낀 마지막 사람도 아닐 것이라는 사실이 너무 좋았다. 나와 같은 현실의 시공간에 존재하지 않더라도, 책을 통해서 나처럼 홀로 여행을 하는 아이들이 있지 않겠는가. 그런 점에서 나는 혼자가 아니었다.

책읽기를 향한 내 피어나는 사랑을 눈치챈 어머니는 일종의 의례를 만들었다. 매일 방과 후 나는 어머니와 함께 피자집에서 간단한 요기를 한 후 도로 건너편 공공도서관에 갔다. 저녁식사 전까지 몇 시간 동안 어머니는 내 마음대로 돌아다니게 나를 내버려두고 혼자서 어머니의 책을 읽었다.

　도서관에서 내 멋대로 돌아다니는 것은 대단한 모험을 떠나는 것과 같았다. 비밀스런 일이라도 하는 양, 무언가 사악한 발굴이라도 하는 양 나는 책을 펼치고 또 펼쳐 보았다. 나는 자그마한 퀸즈 도서관에 존재하는 지식을 마구 흡수하여 내 것으로 만들었다. 죄책감이 느껴질 정도로 농밀한 기쁨을 부모의 허락 하에 맛볼 수 있다는 것이 도저히 믿겨지지 않았다.

　책읽기에 중독된 나는 매해 여름마다 도서관에서 한 더미씩 책을 대출하여 무아지경으로 읽어댔다. 하도 빨리 읽어치워 이틀이 멀다 하고 새 책을 빌려와야 했다. 이를 닦을 때도, 옷을 입을 때도, 저녁을 먹으면서도 나는 마지못해 덮었던 소설책을 다시 펼치고 싶어 안달이 났다. 가족들이 모두 잠든 밤에도 열렬하게 책을 읽고 싶어 침대 밑에 스탠드 램프를 숨겨 놓았다. 롤러스케이트 사고로 팔을 다쳐 움직일 수 없게 되었을 때는 어머니에게 어처구니없는 요구를 한 적도 있다. 가만히 앉아 내 얼굴 앞에 책을 펼쳐 들고 페이지를 넘겨 달라고 한 것이다. 독감에 걸려 아픈 것도 정말 좋았다. 침대에서 책을 읽을 구실이 되기 때문이었다. 책을 읽으며 먹으라고 어머니가 죽을 따뜻하게 쑤어 주기도 했다. 주말에는 으스스하게 비가 내리겠다는 예보를 들은 오늘도, 나는 비밀스레 소망한다. 침실 벽난로에 불을 피우고 침대에 웅크린 채 숙제가 없는 아이처럼 홀가분한 마음으로 책을 읽으면 얼마나 좋을까, 하고.

내가 가장 좋아한 시는 미국 시인 월리스 스티븐스Wallace Stevens가 쓴 「집은 조용하고 세상은 고요하네」The House was Quiet and the World was Calm」였다. 변호사 교육을 받고 코네티컷 주의 한 보험회사에서 평생 일한 독특한 이력의 소유자인 그의 시는, 내가 어린 시절을 어떻게 견뎌냈는지에 대해 그 어떤 글보다도 잘 묘사하고 있다.

> 집은 조용하고 세상은 고요하네
> 읽는 자는 책이 되고 여름밤은
>
> 의식이 살아난 책과 같다
> 집은 조용하고 세상은 고요하네
>
> 말은 풀려 나온다, 마치 책이 존재하지 않는 듯
> 읽는 자가 책장 위로 몸을 기대는 것만 제외하고는
>
> 기대고 싶고, 가장 되고 싶은 것은
> 책과 한 몸을 이루는 지식의 탐구자, 그런 그에게

여름밤은 완전한 생각과 같다

집이 조용한 것은 그래야 하기 때문

고요함은 의미의 일부, 정신의 일부

책장을 향하는 완벽한 접근

그리고 세상은 고요하네, 고요한 세상의 진실,

그 안에 다른 의미는 없다, 그 진실은

조용하다, 그것은 여름과 밤, 그것은

거기서 늦게까지 몸을 기대고 책을 읽는 그 사람 [01]

책을 다 읽으면 그 상실감에 심장이 내려앉다가도, 곧 다른 읽을 책이 또 있고 또 있고 끝없이 있다는 사실이 바로 떠올랐다. 책을 다 읽어 더 이상 읽을 책이 없을 수도 있다는 생각을 하면 초조해졌다. 한 사람이 도서관에서 한 번에 대출할 수 있는 책의 수는 제한되어 있었다. 때때로 나는 내 몫보다 한두 권 더 가져가고 싶어 옷 속에 책을 숨기기도 했다.

나는 일지에 내가 읽은 책의 제목을 적고 소설의 플롯과 등장인물, 주제에 대한 내 생각을 포함한 짤막한 감상을 덧붙이곤 했다. 잠시지만 나 자신의 삶에 대한 이야기를 쓰기도 했다. 하지만 내 허락

없이 일지를 읽은 부모님이 당신들을 향한 비판과 불평을 보고 화를 낸 후로는 책읽기에만 집중하고 일지를 쓰는 것은 그만두었다.

우리 집엔 책이 없었다. 우리 가족에게 책이란, 빌려 읽고 돌려주는 것이었다. 나이가 좀 더 들었을 때 나는 엄청난 사실을 알게 되었다. 마룻바닥에서 천장까지 이어지는 책장에 상상 이상으로 풍부한 신비의 세계가 빼곡히 들어찬 집이 있다는 것, 그런 집에서 자란 친구들이 존재한다는 놀라운 사실. 나는 완전히 정신이 나갔다. 집에 있는 책을 보면 그 책의 주인에 대해 대략 짐작할 수 있다. 어떤 책을 해지도록 여러 번 읽었는지, 또 어떤 책은 건드리지도 않았는지를 보면 그의 내면세계와 포부를 짐작할 수 있는 것이다.

그곳에 사는 사람들의 정신과 마음을 살찌울 수 있는 책들을 소장하고 있는 '집'이라는 개념에 나는 압도되었다. "책이 엄청 많아!" 이런 집에 산다면 얼마나 좋을까. 나를 덮치는 아찔한 열망에 순간 흠칫 놀라 나는 중얼거렸다. 내 숨을 헐떡이게 한 그 집에 사는 친구는, 감탄하는 내 모습이 『위대한 개츠비』에 나오는 여자주인공 데이지 같았다고 했다. 강 건너 개츠비의 저택을 처음으로 방문한 데이지가 개츠비가 소유한 영국제 셔츠의 방대한 컬렉션을 보고 이렇게 아름다운 셔츠들은 처음 보았다며 가볍게 탄성을 내지르는 장면을 떠올린 것이다.

어머니와 나는 자주 싸웠다. 내가 안녕히 주무셨냐는 인사도 하지 않고 식사도 거른 채 하루 종일 잠옷 바람으로 책만 읽고 싶어 했기 때문이다. 어머니는 내가 책만 파는 사람이 되기를 원하지 않았다. 어머니는 딸들이 '다재다능' 하기를 원했다.

나는 제인 오스틴 소설의 광적인 팬이었다. 특히 『오만과 편견』은 읽고 또 읽을 정도로 사랑했다. 『오만과 편견』에 등장하는 한 까다로운 등장인물에 의하면, 그 시대의 젊은 여성이 교양 있는 훌륭한 숙녀로 간주되기 위해서는 '훌륭한 연주 및 노래 솜씨를 갖추고, 그림을 잘 그리며 춤도 잘 추고 현대 언어들도 잘 구사해야' 했다. 남자주인공인 다아시는 '이런 능력에 더해 숙녀는 광범위한 독서를 함으로써 지성을 갖춰야 한다'고 주장했다.

피아노와 바이올린, 춤을 배우다

　　얼마 지나지 않아 나는 실제로 피아노를 치고 춤을 추며 그림을 그리고 시를 낭송할 수 있게 됐다. 악기를 연주하고 노래를 부르며 부모님이 집으로 초대한 손님들을 대접할 수도 있었고, 아이들을 모아 연극을 꾸며 여흥거리를 제공할 수도 있었다. 동생은 파스텔화와 유화를 여러 점 선보였는데, 어린아이의 작품치고는 정말 대단한 수준의 그림이었다. 내 어린 마음속에 존재하는 퀸즈의 응접실에서, 나와 동생은 제인 오스틴의 세계에 나오는 교양 있고 우아한 숙녀들이었다.

　하지만 내가 영국 낭만주의 시대의 상류층 여주인공인 양 공상하는 것보다 더 희한한 일이 퀸즈의 아파트에서 벌어졌다. 내가 공연이라는 것에 흠뻑 빠져버린 것이다. 그 순간을 나는 정확히 기억한다. 부모님이 초대한 손님 앞에서 C. P. E. 바흐(요한 세바스찬 바흐의 아들)의 〈솔페지에토 C단조〉를 연주하던 나는 갑자기 기묘하고 강렬한 열망에 사로잡혔다. 재능 있는 소녀로서 저녁식사 후 여흥거리로 부모님의 친구들을 대접하는 데 그치지 않고, 대단한 연주 기술로 좌중을 완전히 압도하고 싶다는 열망이었다. 그렇다. 나는 관객에게 충격을 주는 경이로운 존재가 되고 싶었다. 깊은 감동으로 그들의 세계를 뒤흔들고 싶었다. 하지만 훌륭한 공연을 선사하기 위해 필요한 연주 속도나 힘, 조절 능력이 내게는 없다는 깨달음이 내 가슴을 쿵, 하고 내리쳤다. 그런 능력을 갖추기 위해서는 실제로 연습을 많이 해야 했다. 나를 두렵게까지 한 야망의 근저에는 이러한 어린 시절의 깨달음이 있었다.

어머니는 얌전하고 그리 엄하지 않은 동네 선생을 대체할 적절한 피아노 선생님을 찾아냈다. 집에서 차로 30분 정도 걸리는 곳에서 피아노 학원을 하고 있는 랭 선생님이었다. 자리가 나지 않는다며 세 번이나 레슨 요청을 거절한 선생님은 어머니의 애걸과 설득에 못 이겨 나를 만나보기만 하겠다고 동의했다. 랭 선생님 앞에서 나는 쇼팽의 〈마주르카〉를 쳤다. 내 실력은 별로였지만, 순전히 어머니의 집요함이 귀찮아서 랭 선생님은 나를 키워보겠다고 했다. 포기를 모르는 끈덕진 사람들이 짓는 고집스런 표정을 어머니가 짓고 있었기 때문이다.

육십대 여성인 랭 선생님은 동유럽에서 뉴욕으로 이주한 유대인 이민 2세였다. 하루에 몇 시간씩 꼭 연습을 하겠다고 약속을 한 후에야 나는 제자로 받아들여졌다. 랭 선생님은 엄격해서 내가 제대로 준비하지 않고 가면 실망을 감추려 들지 않았다. 껌을 씹으며 나타나든가, 질문에 대답은 않고 어깨만 으쓱하든가, "그렇게 하겠습니다"라는 확실한 대답 대신 "그러죠 뭐"라고 답하기라도 하면 난리가 났다. 선생님이 말을 할 때는 시선을 똑바로 맞춰야 했고 작별 인사의 악수는 힘차게 해야 했다.

선생님이 기본의 기본으로 요구한 것은 다음과 같았다. 한 곡을 여러 마디로 이루어진 악절로 나눠 메트로놈의 가장 느린 속도, 똑, 딱, 똑, 딱에 맞춰 익힐 것. 반복 연습을 아주 많이 한 후, 아무 문제없이 그 속도로 악절을 연주할 수 있게 된 후에야 메트로놈 속도를 한 단위 높일 것. 새 속도에서 동일한 과정을 되풀이한 후 속도를 한 단위 더 높이고 또 반복할 것. 이런 식으로 반복 연습을 수없이 하며 속도를 계속 올린 후 곡의 다음 악절로 넘어가게 되면 다시 가장 느린 속도에서 시작해야 했다. 마디 별로, 악절 별로 속도를 한 단위씩 높여가며 한 곡 전체를 소화한 후에야 비로소 그 곡을 처음부터 끝까지 멈추지 않고 치는 것을 허락받았다. 그 시점에 이르면 내 손가락과 손은 해야 할 일을 했다. 필요에 따라서는 엄청나게 빠른 속도로 자유롭게 곡을 연주할 수 있었다.

마침내 내 양손이 생명을 얻어 스스로 움직인다는 느낌을 받았을 때, 나는 손의 움직임과 선율의 얽매임에서 자유로워졌다. 새를 날리기 위해 천공을 여는 것과 같은 느낌이 들었다. 내 몸을 통해 음악이 울려나오는 것 같은 느낌이 하도 기묘해 무언가에 홀린 것이 아닌가 싶을 때도 있었다. 그것이 내가 신성神聖이란 것에 가장 근접했던 순간이 아니었을까, 지금도 생각해 본다.

랭 선생님은 내게 청중 앞에서의 정기적인 연주와 경연 참여를 요구했다. 나란 아이는 일정의 목표가 눈앞에서 대롱거리며 나를 놀리고 유혹하며 겁을 주기 전에는 연습을 할 유형이 아니라고 믿은 것이다. 나는 바흐의 〈인벤션〉과 모차르트의 〈소나타〉, 쇼팽의 〈야상곡〉과 〈왈츠곡〉들, 슈베르트의 〈즉흥곡〉들을 익혔고 마침내는 바흐의 〈전주곡과 푸가〉, 베토벤과 슈베르트의 〈소나타〉, 쇼팽의 〈연습곡〉, 드뷔시의 〈전주곡〉들까지 익혔다. 이 곡들을 가지고 나는 몇 년 동안 랭 선생님이 골라준 다양한 어린이 피아노 경연에 참여했다.

하지만 나는 연주를 해야 할 때마다 지독한 무대 공포증에 시달리기 시작했다. 배가 딱딱해지며 아팠고 식은땀이 났다. 손가락이 차갑게 굳었다. 연주 몇 시간 전부터 장갑을 끼어도 소용 없었다. 무대에 올라 자리를 잡은 후에도 연주할 곡이 기억나지 않으면 어떻게 할까 초조한 나머지 온몸이 굳었다. 좋지 않은 상상에도 시달렸다. 연주를 미루고 시간을 벌기 위해 피아노 의자의 높낮이를 자꾸 손보며 그 동안 곡을 기억해 보려 하지만, 결국은 멍해지고 마는 내 모습이 머릿속에 그려졌다. 이는 누구나 어느 정도는 겪는다는 전형적인 '꿈 불안장애'의 증상이었음을 지금은 알고 있다. 꿈 불안장애에 시달리는 사람은 어느 순간 땀에 흠뻑 젖어 깨어나 꿈을 꾼 것을 깨닫고 안도하는 것이 보통이다. 하지만 나의 경우, 이러한 머릿속 상상은 꿈에 그치지 않고 실제로 일어났다. 무대에 오르자 머리도 손도 꽁꽁 얼어붙었다. 평소 마주칠까 두려워했던 끔찍한 정신적, 신체적 장애물이 실제로 나타나자 극복할 수 없었다. 콘서트 도중 여러 악절을 통째로 잊어버린 나는 경악하여 침묵한 청중 앞에서 나의 명백한 무능함을 부끄러워해야 했다.

약간이라도 연습이 부족하다고 느낀 날은 공연중 당황하여 실수할 것이라는 두려움에 시달렸다. 이런 경우 그 두려움은 현실화되기 일쑤였다. 이러한 치명적인 초조함을 극복하기 위해 나는 다소 불완전한 전략을 두 가지 세웠다. 첫째는 과도한 연습. 누가 새벽 세 시에 나를 깨워 연주를 시키더라도 반쯤 깬 상태에서 연주할 수 있을 정도로 연습을 하는 전략이었다. 두 번째 전략은 내가 무대에 오르면서 완전히 다른 사람으로 변신하는 모습을 생생하게 상상하는 것이었다. 피아노 앞에 앉을 무렵엔 조바심 따위는 버리고 상황을 장악한, 자신감 있고 준비된 연주자가 되어 있도록 상상을 거듭하는 것이다.

나는 음악 무대 공포증을 완전히 극복하지는 못했다. 하지만 몇 년에 걸쳐 노력한 결과, 공포증에 완전히 굴복하기보다는 힘껏 싸워 잠깐씩이나마 잠재울 수 있게 되었다. 음악 그리고 연주할 수 있는 능력이 내 삶에 선사한 끝없는 기쁨의 샘 외에도 내가 어린 시절 음악의 경험에서 얻은 것이 한 가지 있다면, 그것은 바로 확신이다. 어느 장소나 어떤 경우에도 무대 공포증이라는 유령에 거의 확실하게 맞설 수 있다는 그러한 확신.

나는 피아노에 그치지 않고 두 번째 악기로 바이올린도 배웠다. 딸이 현악기에도 능숙해져야 한다고 생각한 어머니는 한국인 여성 바이올리니스트인 한 선생님에게 나를 데려갔다. 명랑하고 활달한 한 선생님은 퀸즈 커뮤니티 칼리지의 지하 교실에서 나를 가르쳤다. 2년여의 레슨 끝에 나는 바흐의 〈두 대의 바이올린을 위한 협주곡 D단조〉 1악장의 제1바이올린 부분을 적어도 기술적으로는 능숙하게 연주할 수 있게 되었다. 나에게 바이올린은 그 정도면 충분했다.

02

고통과 탐색의 시간
Growing Pains

"오로지 예술을 통해서만,
우리는 우리 자신에게서 벗어나 다른 이들이 보는 것을 알 수 있다."
— 마르셀 프루스트

나, 우리 가족 그리고 한인공동체

      음악과 병행하여 나는 집 근처 발레학원에서 일주일에 한 번씩 발레레슨을 받았다. 발레리나 동생을 둔 어머니는 발레가 어린아이의 자세와 우아한 몸짓을 형성하는 데 도움이 된다고 믿었다. 발레학원 원장이자 강사인 부부는 뉴욕시티발레단이 운영하는 공식 발레학교인 아메리칸발레학교 출신의 무용수들이었다.

   어느 날 나는 부모님과 링컨센터에서 열린 뉴욕시티발레단의 〈호두까기 인형〉을 보러 갔다. 도심으로 이어지는 교통이 혼잡했던 데다가 비싸지 않은 주차장을 찾느라고 시간을 허비하는 바람에 15분 늦게야 공연장에 도착했다. 한 번 음악이 시작되면 그 곡이 끝나고 새 곡이 시작되기 전에만 공연장 입장이 허락되기 때문에 우리는 정신없이 내달렸다. 엘리베이터에 설치된 스피커에서 차이코프스키의 악보에 맞춰 오케스트라가 씩씩하게 연주하는 〈서곡〉이 흘러나왔다. 지금도 그 곡을 들으면 공연에 대한 기대와 제때 도착하지 못한 것에 대한 답답함, 빨리 공연을 보고 싶은 간절함에 휩싸여 허겁지겁 서두르던 일이 생각난다. 소중한 것을 놓칠지 모른다는 초조함에 안절부절 못하던 그때가 떠오르며 몸이 부르르 떨린다.

 무용수들의 완벽하게 날렵한 몸매, 흠잡을 데 없는 복잡한 무용 스텝, 어린 시절의 환상을 구현하는 숨 막히는 장면들, 그리고 코앞에서 생생하게 펼쳐지는 아름다운 장관에 나는 넋이 나갔다. 무대에선 어린이 무용수도 제법 많았는데, 굉장히 재미난 것처럼 보였다. 프로그램 팸플릿에는 그 아이들은 아메리칸발레학교School of American Ballet, 줄여서 'SAB'라 불리는 무용학교의 학생들이라 했다. 그 부분을 읽는 순간, 무대 위에 나리는 눈꽃과 요정의 아름다움은 잊혀졌다. 대신 이 중요한 정보가 나의 뇌리에 가시처럼 깊게 박혔다.

 나는 링컨센터 무대에서 춤춘 어린이들이 훈련을 받는다는 학교에 대해 알아내고자 퀸즈 공공도서관으로 쳐들어갔다. 그리고 내 또래 열 살배기 소녀를 다룬 『아주 어린 댄서A Very Young Dancer』라는 흑백 사진집을 찾아냈다. 매일 SAB에 등교하는 소녀 스테파니의 일상을 기록한 책이었다. 발레 스튜디오는 거대한 창문을 통해 빛이 들고 삼단의 발레 바가 벽을 두르고 있는 곳이었고, 절제미가 돋

보이는 무용 연습이 한참이었다. 어린아이들의 신체는 귀엽게 날씬하고 유연했으며 팔다리는 인간답지 않게 길었다. 무리 중 특히 뛰어난 아이들은 여러 단계의 어린이반을 거쳐 훗날 뉴욕시티발레단에 입단할 수 있는 기회를 얻게 된다고 했다.

몇 년 후에야 안 일이지만 『아주 어린 댄서』는 발레를 배운 내 또래 소녀들이 매료되어 사진을 보고 또 보며 SAB에 다니는 꿈을 꾸게 한 책으로, 내가 뉴욕에 오기 몇 년 전에 출간된 베스트셀러였다. 이 책에서 스테파니는 SAB 친구들과 함께 뉴욕시티발레단의 〈호두까기 인형〉의 아역 오디션을 본 후, 시즌 내내 〈호두까기 인형〉의 어린 마리(〈호두까기 인형〉의 여주인공)로 출연하게 된다. 예행연습에 참여하고 무대 위에서 공연을 펼치는 소녀 스테파니를 통해 독자는 무대 뒤의 모습을 엿볼 수 있다. 스테파니는 자신의 연습을 감독하고 의상까지 살피던 발레단장을 '미스터 B'라고 부르고 있었다.

나는 샴페인 잔을 발꿈치 옆에 올려놓을 수 있을 정도로 발을 밖으로 틀어 앞으로 뻗으라던 내 발레학원 선생님의 말을 회상했다. 그땐 '미스터 B'가 한 말이라는 선생님의 언급에 별 관심을 쏟지 않았다. 그런데 그 '미스터 B'가 다시 나타난 것이다. 미스터 B라는 사람, 누굴까? 알아내야 했다. 나는 발레 책을 닥치는 대로 읽기 시작했다.

음, 미스터 B는 바로 조지 발란신George Balanchine이었다. 뉴욕시티 발레단의 창단자이자, 발레 애호가들의 큰 사랑을 받은 〈호두까기 인형〉 등 발레단이 공연한 수많은 작품을 안무한 천재. 러시아 출신인 그는 소년 시절에 황실발레학교에서 수련한 후, 마린스키발레단에서 무용수로 활약했다. 1930년대 유럽에서 발란신은 미국 유대계 백화점 사장의 아들인 젊고 부유한 하버드 졸업생 링컨 커스틴Lincoln Kirstein을 만나게 된다. 훗날 미국 예술계에서 가장 영향력이 큰 인물 중 하나로 부상하게 되는 커스틴은 고전발레를 사랑하고 미국 발레의 전통을 세우는 것을 꿈 꾼 선지자적 인물이었다. 발란신의 발레를 접한 그는 자신의 재력과 인맥을 동원해 재정을 돕겠으니 미국으로 와 발레단을 세우자고 발란신을 설득했다.

발란신은 제안을 수락했다. 그러나 그는 '하지만 무엇보다도 학교가 우선이다'라고 말했다고 전해진다. 발레학교는 그의 아메리칸 드림이었다. 어린 무용수들에게 발레 테크닉을 제대로 가르칠 수 있는 학교가 없다면 미국 발레의 미래는 있을 수 없었다. 그렇게 해서 1934년에 태어난 것이 아메리칸발레학교였다.

"하지만 무엇보다도 학교가 우선이다." 이 얼마나 근사한 말인가. 발란신이 그 말을 한 지 정확히 50년 후, 퀸즈에 살던 열한 살짜리 말라깽이 한인 이민자 소녀의 뇌리에 이 짧은 주문은 단단히 와 박혔다. 나는 미스터 B가 세운 학교의 학생이 되겠다고 굳게 결심했다. 약간이라도 짬이 나면 거실에 있는 소파 등을 발레 바로 삼아 발레 스텝과 도약, 회전과 점프를 연습했다. 부모님이 이젠 그만하라고 소리칠 때까지 멈추지 않았다.

세 딸의 막둥이인 여동생이 태어난 지 얼마 안 됐을 즈음이었다. 막내가 태어나기 전, 출산을 앞둔 엄마를 돕고 산후조리를 도와주기 위해 서울에서 외할머니가 오셔서 우리 집에 머무르고 있었다. 어느 날 집에 오니 외할머니가 매우 불만스런 표정을 짓고 계셨다. 나쁜 일이 일어났나 싶었다. 엄마가 병원에 입원했다고 외할머니가 말했다. 내 심장은 잠시 덜컥, 멈췄다. "너희 엄마가 또 딸을 낳았구나. 운도 지지리 없지." 극도로 실망한 표정은 실로 진심인 듯했다. 새 생명이 태어난 데 대한 미소와 축하도, 산모와 아기가 건강한 것에 대한 안도의 표정도 없었다. 누가 보면 건달과 놀아나다 달아난 말썽쟁이 딸에게 닥친 일 얘기라도 하나 보다, 생각할 법한 표정으로 외할머니는 동생의 탄생을 알렸다.

그날 이후 항상 나는 막내만 보면 '너는 너무나 사랑스럽다'고 말하고 또 말해 주고 싶었다. 이제 매우 멋진 젊은 여성으로 성장한 우리 막내는 기운이 넘치는 활달한 미인이다. 내 딸은 우리 막내와 똑같이 닮았다.

우리 가족의 휴가는 항상 똑같았다. 갈색 올즈모빌 스테이션 왜

건에 끼어 탄 후 빙햄튼이나 버펄로, 보스턴 또는 시카고 등으로 장거리 운전을 해서 부모님의 대학교 또는 고등학교 동창네 집에 놀러 가는 것이다. 한인 가족 여럿이 주말에 비좁은 숙소에 모여 항상 밤 늦은 시간까지 놀았다. 상기된 얼굴에 흰 러닝셔츠 바람으로 카드를 치고 담배를 피우며 맥주를 들이키는 아빠들. 야식으로 우동을 만드는 명랑한 엄마들. 그만 좀 뛰어다니라고 야단맞고는 한자리에 모여 마술 실력을 자랑하고 귀신 이야기를 나누는 아이들. 모두들 웃고 있었다. 졸음과 싸우며 야식이나 죽을 홀짝거리다 부모님께 안겨 잠자리에 드는 기분은 정말 삼삼했다.

우리 부모님은 활발한 사교활동을 하였고, 뉴욕의 번성하던 모임 여러 군데에 속해 있었다. 모두 한인모임이었다. 아버지와 절친한 서울대 동창들 대부분처럼, 어머니와 아주 친한 이화여대 동창들도 미국으로 이민을 왔다. 자녀들 나잇대도 비슷했다. 우리는 아버지의 동창과 그 가족들, 어머니의 동창과 그 가족들의 집을 차례로 돌며 한 달에 한 번씩 모였다. 오랜 친구들과 함께하는 부모님은 행복해 했고 항상 웃고 있었다. 낯선 나라로의 이민에도 불구하고 부모님이 젊은 시절의 친구들과 나누던 깊은 우정은 인상적이었으며, 다시 뿌리내리고 적응하는 삶의 모범이라 할 만했다.

한인교회는 미국의 한인사회에서 중요한 위치를 차지한다. 우리 부모님도 교회를 중요시했다. 뉴욕에 도착했을 때 어머니는 우리에게 맞는 한인교회를 찾아다녔다. 교회가 하나밖에 없던 영스타운과는 달리, 뉴욕에서는 선택의 여지가 풍부했기 때문에 우리는 일요일마다 '교회 쇼핑'을 다녔다. 한 군데씩 차례대로 한인교회에 찾아가 예배를 드리고 뒤이은 친교 시간에 참여하면서 뉴욕의 다양한 한인사회들을 맛보았다.

결국 어머니의 최종 선택을 받은 교회는 카리스마 넘치는 복음주의 목사님이 이끄는 맨해튼의 한인교회였는데, 수천 명의 신도를 자랑하는 곳이었다. 어머니는 수년간 매우 다양한 활동과 프로젝트에 시간과 힘을 보태며 교인사회의 활발한 일원이 되었다. 때때로 신도들은 우리 집에서 예배를 보기도 했다. 어머니의 강권에 아버지는 교회의 집사가 되었다. 종교모임에 나가기만 하면 졸던 아버지는 용감하게 졸음과 싸웠고, 기도하는 법도 배웠다. 아버지는 과학인, 아니 심지어는 골프인이라고 해도 될 법하지만, 종교인이라기엔 약간 무리가 있었다. 적어도 타고난 종교인이라고는 할 수 없었다.

어머니의 교회활동의 일환으로 나는 여름성경캠프에 갔다. 친구들이 생기긴 했다. 하지만 다들 방언을 쓰기 시작했을 때는 내가 있을 곳이 아닌 것처럼 느껴졌다. 내가 질문이 너무 많다고 생각한 성경 선생님은 나를 별로 좋아하지 않았다. 그 캠프는 아무래도 나와 신과의 유대가 형성될 곳은 아니었던 듯싶다. 오히려 기회는 다른 곳에 널려 있었다. 나는 교회의 아름다움과 금욕적 고결함을 사랑했고 음악과 각종 의례와 기도문을 사랑했다. 천주교도인 할머니와 함께 보낸 어린 시절의 영향일 수도 있으리라. 다수의 한인 교인 사회의 특징인 복음주의적 성향은 내 성정과 딱 맞는 편이 아니었다. 그러나 미국의 수많은 한인들에게 한인교회는 영적이나 공동체적인 면에서 매우 깊이 있고 생생한 경험을 선사했고, 우리 가족도 예외는 아니었다.

일요일은 가족과 함께하는 날이었다. 교회에서 돌아오면 우리는 부모님의 친구들과 함께 언제나 같은 한국 음식점에 가는 습관이 있었다. 맨해튼 섬 전체에 한국 음식점이라고는 고작 두엇일 때부터 생긴 습관이었다. 한국 음식점은 지금은 물론 셀 수 없을 정도로 많아졌다. 1980년대와 1990년대를 거치는 동안 퀸즈의 한인들이 플러싱(뉴욕의 한 구역으로 초기 한인 이민자들이 정착한 곳으로 유명하다) 밖으로 세력을 확장한 것도 언급하지 않을 수 없는데, 노던 블러바드(플러싱 한인상권의 중심 거리)를 따라 롱아일랜드(퀸즈와 인접한 행정구역. 부촌으로 유명하다)까지 한글 간판을 자랑하며 죽 뻗어 있는, 그리고 계속 변화하고 발전하는 상가들이 그 증거다. 맨해튼으로 이어지는 이 지역이 바로 소설의 주인공들, 개츠비와 데이지, 톰, 닉이 이스트에그와 웨스트에그에서 도심으로 운전하고 들어가던 구역이라고 상상하는 것은 언제나 즐거웠다(이스트에그와 웨스트에그는 『위대한 개츠비』에 나오는 가상의 지역으로, 이스트에그는 '올드머니'인 세습

부자를, 웨스트에 그는 '뉴머니'라 칭해지는 신흥부자를 대표하는 지역).

갈비와 설렁탕 메뉴로 식사를 한 후에 우리 가족이 비가 오나 눈이 오나 어김없이 향하는 곳은 유니온 스퀘어 근처의 대형 서점 반즈앤노블이었다. 아버지가 최신 의학서적을 훑는 동안 나머지 가족은 자기가 좋아하는 세계로 뿔뿔이 흩어져 몇 시간을 즐겼다. 나는 언제나 예술과 발레 관련의 대형 사진집이 모여 있는 서가 아니면, 화가와 음악가, 무용수들의 전기가 꽂힌 서가 사이에 콕 박혀 있었다. 우리에게 서점은 꿈의 장소였지만 '구매'의 장소는 절대 아니었다. 그래서인지 집에 책이 잔뜩 있음에도 서점에 갈 때마다 책을 몇 권씩 사달라고 조르는 내 아이들이 나는 무척 놀랍다. 나는 아이들이 조르는 대로 들어준다.

미국에 온 지 5년 후 우리 가족은 미국 시민이 되었다. 동생과 나는 우리의 미래에 대한 여러 가지 이야기를 지어내며 놀았다. 마치 미국에서의 미래가 그 이야기대로 실현되기라도 할 것처럼. 제대로 이해하지도 못한 조각조각 부서진 과거로부터 우리는 우리 자신을 창조하고 있었다.

그 해 여름, 부모님은 한국 정부가 어린이 및 십대 초반의 청소년들을 위해 한국에서 개최하는 캠프에 우리를 보냈다. 캠프의 목적은 미국으로 이민 간 아이들을 한국으로 데려와 일정 기간 동안 한국어와 한국 문화를 익히게 하고 민족주의적인 성향의 답사도 시키기 위함이었다. 커다란 교실 벽에는 전두환 대통령의 거대한 사진이 떡하니 걸려 있었다. 나이든 선생님들은 우리에게 유대감을 느끼지 못하는 것 같았고, 우리가 옷 입는 방식도 마뜩치 않아 했다. 한국인 선생님과 교포 학생 사이의 골은 깊고 깊었다. 교실에서 수업을 받지 않는 날에는 커다란 고속버스를 타고 군인들의 관리 하에 갖가지 명소를 방문했다. 명소에는 비무장지대도 포함되어 있었다. 우리 부모님은 그 철책선이 쳐진 분계선을 넘어 또 하나의 쌍둥이와 같은 북한 땅에서 남하한 것이다. 그리고 부모님이 그 선을 건넜기에 내가 존재할 수 있었다.

학교에서 나와 가장 친했던 친구는 소냐였다. 퀸즈의 세탁소 딸인 소냐는 똑똑하고 눈치 빠른 아르메니아인이었다. 이런 종류의 사업을 했던 다수의 이민자들처럼, 소냐의 부모도 모국에서는 고학력의 소유자였다. 나는 단정하고 예의바른 외양 아래 폭발적인 창의력과 엄청나게 엉뚱한 성격을 품고 있는 소냐에게 끌렸다. 터키 군인들이 아르메니아인의 배를 갈라 죽였다는 무시무시한 일화를 유머를 섞어 대수롭지 않다는 듯 이야기할 수 있는 아이가 소냐였다. 우리는 마이클 잭슨과 보이 조지의 립싱크를 하며 몇 시간이나 놀았고 공을 들여 미래의 계획을 짜기도 했다. 소냐는 스타가 되고 나는 그녀를 따라다니는 광팬이 될 것이었다.

영재학교 헌터스쿨

어느 날, 로젠탈 선생님이 나를 불러 초등학교 졸업 후 진학할 학교에 대해 생각해 보라고 했다. 다른 학생들처럼 동네 근처의 중고등학교에 가겠지, 라고 막연히 생각하던 내게 선생님은 '영재' 학생들을 위한 특수실험학교인 헌터스쿨에 대해 말해 주었다. 맨해튼에 위치한 헌터에 진학하기 위해서는 소수 인원만을 선발하는 입학시험에 합격해야 했다. 로젠탈 선생님 당신도 헌터 출신으로, 당시에는 여학교였으며 뉴욕 시의 총명한 여학생들 다수가 헌터에 진학했다고 한다.

어머니는 헌터에 대한 조사를 시작했다. 그리고 헌터 입학시험을 보는 학생들을 가르치는 한인 학원을 플러싱 지역에서 찾아냈다.

일주일에 몇 번 방과 후 수업을 하는 곳이었다. 입학시험 몇 달 전에 학원을 다니기 시작한 나는, 다른 아이들은 이미 지난 한 해 동안 입시를 준비해 왔다는 사실을 알게 되었다.

학원에서는 모의고사 성적을 복도에 붙였다. 열두엇 남짓한 학생 중 내가 가장 성적이 낮았다. 기운이 빠졌지만 성적을 올리겠다고 굳게 다짐했다. 하지만 내 기분을 저조하게 하는 일들은 계속 생겼다. 예를 들어 학생들끼리 수학경시대회를 위한 팀을 짠다고 치자. 아무도 나를 자기 팀으로 데려가고 싶어 하지 않았다. 마지막까지 남기 때문에 할 수 없이 데려가는 아이가 나였다. 내가 다른 아이만큼 공부를 잘하는 것은 아니라는 것쯤 나도 알고 있었다. 하지만 모든 아이들 앞에서 아주 똑똑한 한 남자애가 "지니가 풀 수 있다면 상대 팀이 어렵게 느낄 문제일 리가 없어"라고 다 아는 사실을 담담하게 말했을 때는 정말 찔리듯 마음 아팠다.

헌터 입학시험이 치러진 날은 추운 겨울날이었다. 어머니와 함께 뉴욕 전역에서 몰려든 아이들이 학교 근처를 몇 겹씩 둘러싸며 줄을 섰다. 피아노 발표회 때와 마찬가지로 내 어머니는 나를 학교까지 데리고는 왔지만 나와 함께 있으려고 하거나 나 대신 무언가를 해 줄 생각은 하지 않았다. 나는 혼자 힘으로 해야 했다.

수학과 영어, 그리고 에세이로 구성된 시험을 마쳤을 때 합격하리라는 감이 왔다. 시험 결과 발표는 두 달 후였다. 플러싱 학원에 같이 다닌 한인 학생의 절반 이상이 나와 함께 이 입학시험에 합격했다. 내게 실력이 없다고 했던 그 똑똑한 남학생도 합격했다. 내가 다닌 초등학교에서는 더 이상의 합격자가 없었다.

이렇게 매일 버스로 학교에 통학하면서 나의 7학년은 시작되었다(미국 학제의 경우 7학년에서 8학년까지는 중학생, 9학년에서 12학년까지는 고등학생으로 분류되며, 헌터의 경우 7학년에서 12학년까지를 모두 아우른다). 맨해튼의 어퍼이스트사이드 구역, 파크애비뉴와 94번가의 한 구역을 통째로 차지하고 있는 헌터스쿨 건물은 원래 무기를 저장하는 병기고로, 창문이 없었다. 학생들은 헌터를 애정을 담아 '벽돌 감옥'이라고 불렀다.

첫 몇 년 동안 나는 주눅이 들어 학교가 편하지 않았다. 헌터 학생들은 대체로 내가 알던 아이들보다 훨씬 더 총명했다. 뉴욕 곳곳에서 모여든 학생들은 아주 다양한 배경과 가정 출신으로 서로 공통점이 거의 없었다. 나는 학교 공부를 따라가기도 힘들었지만 친구 관계를 맺는 데도 어려움이 컸다.

거기에 더해, 교과서나 배운 것을 '분석'하고 나 자신과 다른 학생들의 반응과 의견에 대해 '토론'하기를 요구받는 경험은 나로서는 처음이었다. 나를 제외한 모든 이들이 내가 이해하지 못하는 외국어로 이야기하는 것 같았다. 길을 잃고 고립된 듯한, 예전에 맛보았던 익숙한 느낌이 다시 들었다. 정체를 알 수 없는 안개가 피어나 짙은 장벽을 세우고 내가 주위 환경을 이해하고 그와 연계하는 것을 방해했다. 사람들의 움직이는 입에서 새어 나오는 소리는 들렸지만, 나 자신은 수업 시간의 생생함 안으로 선뜻 들어설 수 없도록 이상하게 차단당해 있는 것처럼 느껴졌다.

우리 집은 아이들이 주장을 내세우고 의견을 피력하거나 자기 생각을 설명하려 드는 것을 매우 바람직하지 않다고 간주했다. 나는 말하는 것을 즐기는 수다스런 아이였는데, 부모님은 가족 내에서는 이런 나를 어느 정도 묵인해 주었다. 하지만 타인들 앞에서는 이야기가 달라졌다. 어른과 논쟁을 벌이거나 다른 의견을 내면서 대화에 끼어드는 날은 무례했다는 이유로, 나는 손님이 떠난 후 어김없이 벌을 받았다.

언젠가, 나는 〈사운드 오브 뮤직〉에 등장하는 인물들의 동기에 대해 부모님의 저녁식사 손님과 난상토론을 벌였다. 그리고 상대에게 양보하기보다는 계속 공격적으로 조롱했다. 손님이 떠났을 때 나는 부모님에게 매서운 꾸지람을 들었다. 부모님은 내가 제대로 가정교육을 받지 못한 버릇없는 아이처럼 행동했다며 진심으로 부끄러워했다. 한국어로 '망신'이라는 표현을 쓰며 "네가 우리 딸이라는 게 창피하다"고 했다. 당신들의 가치관에 맞춰 나를 고치려고 한 부모님의 의도는 좋았다고 생각한다. 그러나 그 결과 나는 예의 바른 조용함과 반강제적 침묵 사이를 오가며 이도저도 아닌 자세를 취하게 되었다.

외로움은 나를 유리벽처럼 감싸고 있었다. 학교 친구가 몇 명 생겼지만 사람에게 말을 거는 것보다는 책으로 도피하는 것이 훨씬 더 쉬웠다. 말이란 골칫거리였다. 말썽을 일으킬 수 있었다. 말 때문에 사람들이 나를 나쁘게 생각하고 화를 낼 수도 있었다. 나는 수줍은 상태를 벗어나지 못하고 억눌려 있었지만, 침잠해버린 나를 해방시켜 줄 언어 외적인 방법들이 나타나기 시작했다.

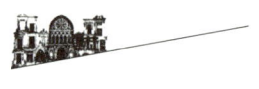

SAB,
발레라는 새로운 세계로

춤을 출 때는 말을 할 필요가 없었다. 그것은 안도감이자 해방이었다. 내 몸이 할 수 있는 것에 대한 관심이 지극히 늘었다. 헌터스쿨에 입학하기 1년 전부터 나는 조용히 SAB에 대한 정보를 모으고 있었다. 신문과 잡지에서 오려낸 무용수들의 사진으로 노트가 꽉 찼다. 뉴욕 맨해튼에 위치한 헌터스쿨에 다니게 된 나는 생각만 해도 행복했다. 바로 맞은편 동네, 지하철 한 번에 버스 한 번이면 갈 수 있는 곳에 링컨센터가 있는 것이다! 나를 위한 세계, 내가 진정으로 속한 세계가 가까이서 나를 기다리고 있었다. 나는 이것저것 검토하며 부지런히 계획을 짰다. 빠짐없이 꼬박꼬박 열심히 읽고 있던 《댄스 매거진 Dance Magazine》에 SAB의 연례 오디션이 8월 말에 열릴 예정이라고 쓰여 있었다.

나는 어머니를 오디션에 끌고 갔다. 어머니는 정말로 가기를 꺼렸다. 춤에 넋이 나가 전문 무용수 훈련을 받겠다는 딸은 어머니가 꿈꾸는 우아하고 다재다능한 딸의 이미지에 맞지 않았다. 하지만 어차피 내가 합격할 확률은 지극히 낮았기 때문에 어머니는 내 요구에 따랐다. 딸이 오디션에 떨어져 발레 병에서 해방되기를 바랐을 것이다.

우리는 머리를 뒤로 세게 당겨 묶고 막대기처럼 꼿꼿하게 등을 편 딸들과 그 엄마들의 무리를 따라갔다. 레오타드에 옷핀으로 붙이라며 번호표가 배부되었다. 그때 받은 108번 번호표를 나는 아직도 간직하고 있다. 긴 다리와 팔, 목이 도드라지는 여자아이들이 복도에서 다리찢기로 워밍업을 하며 자기 번호가 불리기를 기다렸다.

내 오디션은 5분 만에 끝났다. 두 명의 심사위원 숙녀 중 한 명을 알아볼 수 있었다. 화려한 발레리나 사진과 미하일 바리시니코프가 출연한 영화 〈사랑과 갈채의 나날Turning Point〉에서 본 적이 있는 얼굴. 그 나이든 숙녀는 바로 미스터 B의 전처인, 그 이름도 유명한 알렉산드라 다닐로바였다. 다른 나이든 숙녀는 3세대 동안 SAB 학생들을 가르친 전설적인 교사 안토니나 투므코브스키였다. 두 선생은 내게는 아무 말 하지 않은 채 인상을 쓰고 내 몸을 여기저기 손짓하며 러시아어로 이야기를 나눴다.

두 선생은 내 다리가 더 이상 올라가지 않을 때까지 번갈아 옆으로 치켜 올려 보고 내가 뾰족하게 내민 발을 열심히 살폈다. 마치 고깃감이 싱싱한지 아닌지 살피는 것 같았다. 이윽고 그들은 내게 1번 자세(발레의 다섯 가지 기본 발 자세 중 하나)로 간단한 점프를 해 보라고 했다. 그게 다였다. 나는 기술이나 재능의 유무를 확인하는 것이 이 오디션의 핵심이 아니라는 것을 알아차렸다. 이 숙녀들의 유일한 관심사는 학생이 긴 다리와 짧은 허리, 밖으로 벌어진 골반, 쉽게 활처럼 휘어질 수 있는 발, 그리고 기다란 목덜미를 가지고 있는지, 즉 무용수의 원재료인 신체가 그들이 찾는 목표에 부합하는지의 여부였다. 그 러시아 숙녀들은 웃지 않았다.

그날 저녁, SAB에서 전화가 왔다. 가슴이 미친 듯이 뛰었다. 나는 조용히 다른 쪽 수화기를 들고 SAB 행정본부장인 글리보프 여사와 어머니가 나누는 통화를 엿들었다. 글리보프 여사는 내가 합격했으며 매일 SAB에서 방과 후 발레수업을 받을 수 있다고 했다. 금요일에는 수업이 두 개라고 했다.

부모님은 고개를 내저었다. 이것은 당신들의 계획에 없던 일이었다. 대학을 목표로 공부에 전념해야 하는 십대에게는 발레 훈련에 그토록 많은 투자를 하는 게 이성적이지 않다고 부모님은 확신했다. 부모님은 나를 설득하려고 했다. 춤은 계속 배워도 된다. 그렇지만 SAB는 전문 무용수가 되려는 사람들이 가는 곳이야. 네가 가서 뭐하겠니?

　나는 내 생명이 걸린 양 애걸했다. 대입 내신은 9학년부터 들어가니 그 전까지는 괜찮지 않느냐는 내 주장에 마음이 흔들린 부모님은 마침내 SAB의 등록을 허락했다. 9학년이 되면 반드시 그만둬야 한다는 조건이 붙었다. 더 이상은 협상 불가능한, 최종 조건이었다.

　일시적 생명선을 얻은 것이다. 나는 매일 3시 15분이 되기만을 기다렸다. 초조하게 시계만 바라보며 수업시간을 보내다 3시 15분이 되면 부리나케 센트럴파크를 가로질러 버스를 탔다가 도심으로 가는 지하철로 갈아탔다. 30블록 떨어져 있는 66번가와 브로드웨이가 교차하는 지점에 위치한 SAB에 도착하면 4시 수업에 맞춰 연습복으로 갈아입었다.

　미스터 B가 무용수들을 연습시키는 사진에서 본 거대한 연습실의 창을 통해 비치는 햇빛은 상상만큼 화려하고 근사했다. 연습실 안의 공기는 땀과 발레슈즈에 바르는 송진 냄새에도 불구하고 언제나 상쾌했다. 나는 하늘색 레오타드에 분홍 타이츠와 분홍 발레슈즈를 갖춰 신고 다른 아이들과 함께 나란히 발레 바에서 워밍업을 한 후 선생님의 지시를 기다렸다. 나는 SAB의 학생이었다!

　나를 가르친 선생님들은 그야말로 전설이었다. 안드레이 크라마

레브스키와 리처드 랩, 엘리즈 라이먼 등이 그들이다. 우리 부모님이 태어나기도 한참 전에 유럽과 미국에서 화려한 이력을 쌓았던 무용수들이었다. 선생님들은 모두 매우 무서웠지만 나름대로는 학생들을 아꼈다. 그들의 가르침은 그들의 몸과 정신에 깃든 전통을 소중히 물려주는 과정 안에 있었다. 영원히 지속될, 평생 지워지지 않을 선물, 오로지 매일의 반복연습과 교정을 통해서만 물려줄 수 있는 선물이었다. 몸에서 몸으로 이어지는, 매우 사적이고 은밀한 시간이기도 했다. 비록 선생님들이 우리 학생들의 이름을 과연 기억했을까 의심스럽지만. 선생님들의 레슨 스타일은 독특하면서도 이치에 맞고 논리적이어서, 마치 자연의 법칙처럼 느껴졌다. 그것은 인간의 신체가 움직이도록 의도된 본래의 방식이었다.

각 수업은 90분 단위로, 같은 방식으로 진행되었다. 발레 바에서 드미-플리에(서서 양쪽 다리를 아래로 구부리는 발레 기본 동작)로 시작, 연습실의 중앙으로 나가 아다지오(느리고 우아하게 행하는 일련의 발레 동작)와 알레그로(점프나 도약이 결합된 빠른 템포의 발레 동작)를 한 후 점프로 마무리. 그리고 선생님에게 존경을 표하기 위해 안무된 인사 동작(왼발을 뒤로 살짝 빼고 오른쪽 무릎을 살짝 굽히며 고개를 숙이는 동작)을 함으로써 수업은 끝난다. 수업의 강도는 매우 셌다. 이렇게 빠른 것이 가능한가 싶을 정도로 세찬 속도로 알레그로와 도약, 회전, 점프를 하면서 이러다간 호흡곤란과 근육이상으로 쓰러질 것 같다고 느낀 적도 많았다.

내가 스스로에게 흔들리는 걸 허용하지 않은 이유는 미스터 B가 우리의 발전을 관찰하기 위해 불쑥 연습실로 들어올 수도 있다는 가능성 때문이었다. 사람들은 그가 연습실 근처에서 어슬렁거리는 것처럼 그에 대해 이야기했다. 나중에야 안 사실이지만 그때 이미 발란신은 고인으로, 내가 SAB에 입학하기 3년 전, 크로이츠펠트-야콥 병으로 세상을 떠났다고 한다. 하지만 그의 존재감은 너무나 컸다. 나는 거의 1년 동안 미스터 B의 등장을 기대한 후에야 그가 이 세상 사람이 아니라는 것을 알게 되었다.

고전발레 테크닉의 엄격한 규제와 속박은 말로 할 수 없는 만족감을 선사했다. 다리를 뻗고 발을 휘는 법부터 머리를 옆으로 살짝 기울이는 각도와 손가락을 아름답게 펴는 법까지, 모든 동작에는 정답이 존재했다. 신체훈련의 세밀한 부분 하나하나에 뻗치는 매서운 관심 아래에서 나는 활짝 피어났다. 다리 근육과 골반, 발은 언제나 아팠고 이미 심하게 얼얼해진 몸은 다음 날 수업으로 인해 더욱 아팠다. 발에서는 피가 났고 발톱은 검게 죽어 떨어져나갔다. 그때 얻은 아킬레스건염으로 나는 수년간 고생해야 했다.

발레의 기본 동작과 자세에 깃든 미적인 합리성을 고통스러울 정도의 반복을 통해 흡수하는 과정에서 나는 상상의 한계를 넘는 최고도의 황홀경을 맛보았다. 나는 불법약물을 결코 시도해 본 적이 없는지라 마약에 취할 때 느낀다는 황홀경을 맛본 적이 없지만, 그

"발레의 기본 동작을 고통스러울 정도의 반복을 통해
흡수하는 과정에서 나는 상상할 수 있는 최고도의 황홀경을 맛보았다."

SAB 발레 트리오 1.

럴 필요도 없었다. SAB에서의 발레 연습 이후, 내 삶은 마치 성배를 찾아나선 기사의 인생과 비슷해졌다. 그 황홀경을 다시 느낄 수 있다면!

버스와 지하철을 통해 헌터스쿨에서 SAB로, 그리고 전철을 타고 SAB에서 집으로 돌아오는 매일의 과정을 반복하며 나는 십대의 엄청난 자유를 누렸다. 뉴욕은 내 놀이터였다. 뉴욕공연예술도서관에서 무용의 역사에 대해 닥치는 대로 읽어치웠고, 폰테인과 누레예프, 마카로바와 바리시니코프 같은 대가들이 공연한 〈백조의 호수〉, 〈지젤〉, 〈돈키호테〉, 〈라바야데르〉, 〈로미오와 줄리엣〉 등의 녹화 영상물을 보면서 고전발레 레퍼토리들을 외웠다.

SAB 외의 발레레슨은 받으면 안 되는 것이었지만, 때때로 나는 저명한 발레강사 데이비드 하워드의 발레 스튜디오에서 주말레슨을 받기도 했다. 어느 토요일, 나는 하워드의 수업에 참가한 바리시니코프를 봤다. 발레 바에서 워밍업을 한 후 선생님이 시킨 일련의 기본 동작을 하나하나 수행하고 있는 이 비범한 예술가와 내가 발레라는 공통의 언어를 지녔으며, 발레 안에서는 그 또한 나처럼 계속 공부하는 학생이라는 점에 나는 적잖이 흥분했다. 국제무대에서 명성을 날리는 스타라 하더라도 1번 자세에서 천천히, 공들여 취하는 드미-플리에로 시작하는 매일의 연습을 꾸준히 하지 않으면 몸이 망가질 수밖에 없다. 발레의 모든 것이 기초하고 있는 이런 기본 자세와 테크닉을 익히고 유지하기 위해서는 엄청난 노력이 필요했다. 하루라도 생략할 수 있는 단계란 없었다.

겨울에는 발레 수업이 끝난 후에도 바로 집에 가지 않았다. 뉴욕시티발레단의 공연을 엿보기 위해 링컨센터에 남아 막이 오르길 기다리며 중앙 분수대 앞에서 서성였다. 땅거미가 질 무렵이면 메트로폴리탄 오페라하우스와 에이버리 피셔 홀, 그리고 뉴욕주립극장의 조명이 켜지며 분수대 앞을 물들였고, 관객들이 곧 목격하게 될 아름다운 순간을 향한 기대에 들떠 속속 극장 앞에 도착하면 나까지 그들의 흥분에 전염되었다. 나의 퀸즈 도서관이 안온한 집이라면, 링컨센터는 부유한 대부모가 편안히 와서 즐기라며 친절하게 초대해 주는 아름다운 궁전이었다. 그리고 나는 정확히 대부모가 시키는 대로 했다. 그곳은 '나의' 링컨센터였다.

내가 발란신 발레에 열광하듯 사로잡힌 것은 SAB 오디션을 보기 직전 여름이었다. 딸이 발레를 잊기를 바라는 마음에 어머니는 뉴욕 주 사라토가 스프링스에서 열리는 수학캠프에 나를 보냈다. 사라토가 스프링스는 뉴욕시티발레단이 여름 시즌을 보내는 곳이다. 수학에 그리 관심이 없던 나는 지루했고, 캠프의 다른 학생들과 함께 야외극장에서 펼쳐지는 발레 공연을 보러 갔다. 습한 여름밤, 우리는 풀밭에 옹기종기 앉아 공연을 지켜보았다.

멀찌감치 설치된 무대 위에 대각선으로 서 있는 열일곱 명의 소녀들. 길게 늘어진 망사 치마를 입은 소녀들은 모두 하늘을 향해 한 손을 치켜들고 그 손을 올려다보고 있었다. 차이코프스키의 〈현을 위한 세레나데 C장조〉가 울리기 시작했다. 그다음에 이어진 무대는 너무도 가슴이 에일 정도라 내 가슴은 조여들었다. 감동적인 광경이 펼쳐지기 시작했다. 발란신이 미국에서 발표한 첫 안무 작품인 〈세레나데〉는 1934년 SAB의 첫 번째 입학생들을 위한 워크숍에서 창작된 작품으로, 커스틴의 하버드 동창생이자 SAB 공동설립자인 에드워드 월버그Edward Warbug의 저택에서 초연되었다. 이 초연 역시 여름밤 야외에서 펼쳐졌다. 소녀들의 팔다리가 춤출 준비를 하며 취하는 1번 자세 동작으로 끝나는 〈세레나데〉의 이 유명한 오프닝 시퀀스는, 발레수업과 연습을 통한 예술 단련에 대한 알레고리라 할 수 있다. 이날 이후 나는 학생을 가르친다는 것에 대해 남다른 감정을 품게 되었다.

링컨센터를 배회하던 십대 시절에 나는 이미 발란신의 작품은 다 섭렵한 것 같다. 나는 발레리나 헤더 와츠(발란신의 작품을 통해 크게 활약한 미국 발레리나)나 수전 파렐(조지 발란신의 뮤즈로 유명한 미국 발레리나)의 우아한 강인함과 예술미를 숭배했다. 〈바로크 협주곡〉 같은 발레 작품은 나의 근본을 형성시킨, 놀라운 미학의 예다. 내가 이 작품의 배경음악인 바흐의 〈두 대의 바이올린을 위한 협주곡〉을 연주한 경험이 있는지라, 음악의 구조를 알고 있었다는 것도 작품

감상에 영향을 끼쳤을 것이다. 그러나 나는 발란신의 안무를 통해 음악에서 드러낼 것이 더 있다는 것은 미처 예상하지 못했다. 엄격하고 깨끗하며 건축적인 조형성이 돋보이는 이 작품은, 협주곡에서 두 개의 바이올린 파트가 서로 얽히며 주거니 받거니 펼치는 흥미진진한 대결을 수학적인 아름다움으로 겹겹이 구축된 발레의 층을 통해서 생생하게 표현한다. 일견 간단해 보이는 음악은 발레의 움직임을 통해 복잡하게, 복잡한 듯한 부분은 간결하게 변한다. 이미 알려졌던 것이 혼란의 신비가 되는 동시에, 놀라울 정도의 명징함이 보는 이를 후려친다. 이 발레 작품이라면 나는 영원히라도 계속 지켜볼 수 있다.

발란신의 작품을 통해 나의 내면세계를 돌아보는 이야기만으로 책 한 권을 다 채울 수 있을 정도로 발란신은 내게 큰 영향을 미쳤지만, 십대에 사랑에 빠진 후 끝까지 헤어나지 못했던 작품을 두 개만 더 소개하겠다. 힌데미트의 음악에 맞춘 발레 작품 〈네 가지 기질 The Four Temperaments〉을 접했을 때, 1946년 초연을 본 관객들이 느꼈을 새로운 것에 대한 충격을 나 또한 고스란히 받았다. 더 이상 혹독할 수 없는 가장 근본적인 고전주의를 채택한 이 작품은 동시에 고전적 선형을 기묘하면서도 매끈하게 뒤틀며 노골적으로 관객에게 도전한다. 병렬 배치를 통해 끊임없는 공세를 취하며 보는 이를 잠시도 내버려 두지 않는다. 〈네 가지 기질〉은 내 숨통을 죄며 내 안에 존재하던 모더니즘을 강제로 일깨웠다. 이 작품 이후로 나는 모더니즘에 대한 선호를 더 이상 부정할 수 없게 되었다.

두 번째 작품은 비제의 〈교향곡 1번 C장조〉에 맞춘 〈심포니 인 C〉. 이 작품의 2악장 아다지오에서 선보이는 파드되(2인무를 뜻하는 발레 용어)는 어둑한 새벽에 펼쳐지는 마법이며 신과의 다정한 친교다. 비천한 인간이 어떻게 이러한 작품을 창조한 것인지. 아니, 생각을 해 낸 것만도 믿기지 않을 만큼 놀랍다. 현실 같지가 않다. 파드되에서 발레리나가 내는 효과를 발란신은 '하늘을 가로질러 흐르는 달'이라고 묘사한다. 보는 이들은 눈물조차 흘리지 못한다. 숨 쉬는 것조차 잊는다.

나는 〈호두까기 인형〉의 교내 오디션에 참여하러 갔다. 나와 친구들을 한 번 쓱 훑어본 선생님은 아역에 지원하기엔 우리 모두 너무 키가 크다고 했다. 그래도 괜찮았다. 나는 모든 수업의 마지막 한순간까지 철저히 매달려 선생님들이 가르치는 것을 스펀지처럼 남김없이 빨아들였다. 워밍업 때는 발레 바 옆에 함께 서는 버릇이 생긴 나와 에밀리, 베카는 수업이 진행되면 언제나 연습실 앞쪽과 중앙에 함께 진출하면서 다른 학생들의 시선을 받게 되었다. 나는 강하고 자신감 넘치는 무용수가 되었다. 포인트 자세(골반에서 발끝까지 다리를 일직선으로 펴는 자세)로 바닥을 딛고 취하는 아라베스크(한 다리로 몸을 지탱하며 나머지 다리를 뒤로 빼는 자세)는 영원히 지탱할 수도 있을 만큼 완벽했다. 트리플 피루엣(한 발을 회전축으로 하여 팽

이처럼 도는 발레 동작이 피루엣, 한 번에 3회전을 하는 것이 트리플 피루엣이다)도 마찬가지였다. 발끝을 바닥에 굳게 세우고 몇 바퀴씩 도는 내가 한없이 자유롭게 느껴졌다.

 SAB의 마지막 날들이 다가오고 있었다. 부모님과 성스럽지 못한 계약을 맺었던 나는 교수형에 처해질 날이 얼마 남지 않은 사형수의 심정으로 약속의 날을 기다렸다. 9학년이 곧 시작될 예정이었다. SAB의 학생들은 모두 학년말에 평가를 받는데, 다음 가을학기에 복귀를 요청받고 다음 단계로 승급하지 못하면 학교에서 떠나야 했다. 다수의 학생이 탈락하는 연례평가에서 선택되어 잔류와 승급을 허락받은 학생들은 부상을 입지 않는다면 1~2년 후에는 발레단 입단이 예상되는 것이 보통이었다. 우리 반의 경우, 열여섯 명 중 다음 단계로 승급을 허가받은 아이는 넷뿐이었다. 나는 그 네 명 중의 하나였다. 내 것이 될 수 없는 보석이 내 손에 쥐어진 것이다.

 승급된 것에 대한 자랑스러움은 심판의 날을 피할 수 없다는 현실 앞에 바로 사그라들었다. 부모님은 저승사자처럼 계약의 실행을 요구하며 내가 이미 알고 있는 것을 다시 한 번 단호하게 확인시켜 주었다. 즉, 내 시간이 끝이 났다는 사실이었다.

 내가 올라가게 된 상급반은 낮에 수업을 시작하기 때문에 일반 학교와 병행하는 것이 불가능했다. 부모님은 SAB로의 복귀 가능성에 대해서는 언급조차 하지 않으려 했다. 나는 헌터스쿨에 계속 다녀야 했고, 그에 대한 타협이란 절대 있을 수 없었다. 공연계의 학생들을 위한 특수사립학교에 다닌다면 발레와 학교 공부가 병행 가능했지만 부모님은 귀를 꼭 막았다. 이젠 끝이라고 했다. 작별인사를 해라. 오늘이 마지막이야.

나는 슬픔을 혼자서 속으로 삭였다. 부모님에게는 그것에 대해 아무 말도 하지 않았다. 오직 SAB의 친구들만이 나를 이해하며 같이 울어 주었다. 열다섯 살 어린 소녀들이 느낀 공포와 동정심은 정말 컸다. 춤을 출 때 진정 살아 있는 인간처럼 느꼈던 우리. 바로 그 춤을 빼앗기는 고통은 친구들만이 이해해 줄 수 있었다.

부모님은 취미로 1주일에 한두 번 발레레슨을 받는 것에는 반대하지 않았다.

"여러 가지를 다 잘할 수 있어야 해." 부모님의 말이었다.

나는 썩 내키지 않았지만 그렇게 시도해 보았다. 하지만 그토록 고생하여 가까스로 습득한 것, 오로지 매일 매일의 열정적인 훈련을 통해서만 유지할 수 있는 것의 질이 점점 하락하는 것을 지켜보는 것은 너무나 마음 아픈 일이었다. 그 고된 훈련이 얼마나 좋았던가. 나는 취미로 춤을 출 수는 없다는 것을 깨달았다. 나는 여러 가지를 다 잘할 수 없었다. 레슨을 전부 그만두었다. 이제 발레와는 끝이었다. 나는 패배했다.

삼십대가 될 때까지 나는 링컨센터의 공연을 눈물 없이 볼 수 있었던 적이 없었다. 무대 위의 몸짓들이 내 안에서 순간 살아났지만, 영혼의 환상통에 불과한 운명을 깨닫고 이내 사그라졌다. 계속 있다가는 그 자리에서 무너질 것만 같아 나는 인터미션 때 극장을 떠나야 했다.

그해 여름 어머니는 나를 서울로 데리고 갔다. 아마도 내 기분전환을 위해서였을 것이다. 어머니는 명문 예술중학교 예원의 교장 선생님에게 부탁해, 나를 몇 주간 청강생으로 등록시켰다. 절친한 친구들의 딸 여럿이 다니고 있는 학교였다. 서울에서 형제자매와 친구들에게 둘러싸인 어머니는 무척이나 유쾌하고 빛이 났다. 당신이 태어난 이후 급격한 변화를 겪었지만 여전히 진정한 고향으로 남아 있는 서울이란 도시에서 어머니는 항상 활기차고 행복한 기분에 젖어 있었다. 뉴욕에서는 보기 힘든 모습이었다. 서울에서 활짝 피어나는 어머니를 볼 때마다 나는 어머니가 미국으로 뜨지 않았다면 한국을 다스리고 있거나, 아니면 적어도 대기업 하나는 경영하고 있을 것이라 느꼈다. 당신이 진정으로 속한 곳에서 너무나 멀리 떨어져 성인기의 대부분을 살아야 했던 어머니의 생활이 나는 슬펐다. 1979년, 우리가 미국에 처음 왔을 때는 한국에 전화를 하는 것

서울에 방문했을 때, 외할머니 댁에서. 1989년.

도 대단한 일이었고 해외여행은 드물었다. 물론 지금은 해외로의 연락이나 여행이 점점 쉬워지고 있어서 그때와 지금 느끼는 거리감각은 완전히 다르다.

아버지와 친구들은 시행착오를 겪으며 개원의로서 자리를 잡아갔다. 그런 과정에서 당신들의 삶과 관심사는 함께 발전하고 변화했다. 각자의 개인병원이 모두 번성함에 따라 한 명 한 명 작은 아파트에서 커다란 주택으로 이사를 갔다. 시간이 계속 흘러도 월례모임은 계속되었다. 하지만 예전처럼 밤을 새며 카드게임을 하고 술을 마시는 대신, 아버지와 친구들은 이튿날 아침 골프를 치러 가기 위해 저녁식사 후 곧 잠자리에 들었다. 비슷한 시기에 담배도 같이 끊었다. 아버지는 매주 토요일과 일요일 예배 후, 그리고 수요일 오후마다 한인친구들과 골프를 쳤는데, 눈보라가 몰아치기 전에는 거르는 경우가 없었다. 골프를 마친 후에는 함께 저녁식사를 하며 흥겨운 시간을 가졌다. 홀인원을 기록한 친구가 밥을 사기도 했다.

좌절의 나날

　　　　내가 SAB를 그만둔 것은 고등학교 수업에 참여하고 훌륭한 성적을 올린다는 중요한 목적을 이루기 위해서였다. 하지만 나는 제대로 하고 있지 않았다. 단련과 노력이 어떤 것인지는 잘 알고 있었다. 하지만 고등학교 체제는 그저 나에겐 맞지 않았다. 숙제도 하지 않았고 과제물도 읽어 가지 않았다. 리포트도 제때 내지 않았다. 시험 준비는 끔찍할 정도로 안 되어 있었다.

　밤에는 학과과정이 아닌 책만 읽었다. 낮에는 잠만 자고 싶었고 어디론가 사라지고 싶었다. 동이 틀 때까지 침대에 누운 채 몰래 책을 읽고 학교에서는 좀비처럼 지내는 날이 허다했다. 교실에 앉아는 있었지만 딴전만 부렸다. 줄곧 탈출의 환상만 그리고 있었다. 과제나 학교에서 요구하는 것이라면 그 어떤 것도 손을 댈 수 없었다. 몸이 마비된 것 같았다.

나는 시를 읽었다. 시를 읽는 것이 마치 심오한 비밀이라도 되는 양 몰래 읽었다. 때론 수업을 빼먹고 학교 화장실 안에서 문을 잠근 채로도 읽었다.

> 영혼의 기쁨을 위해 육체가 멍들지 않는 곳에서
> 노동은 활짝 꽃피우거나 춤을 춘다
> 아름다움은 그 자신의 절망에서 피어나지 않으며
> 지혜는 램프빛에 밤새워 침침한 눈에 깃들지 않는다
> 오 밤나무여, 뿌리를 깊이 내리고 꽃피운 이여
> 그대는 잎인가, 꽃인가, 아니면 줄기인가?
> 오 음악에 흔들리는 육체여, 오 활짝 빛나는 눈길이여
> 어찌 우리가 춤에서 춤추는 이를 떼어낼 수 있을까? [02]

어느 날, 어머니는 내가 생각 없이 왔다갔다 메고 다니던 가방을 열었다가 수없이 읽어 닳은 예이츠 시집을 발견했다. 더불어 가방 안에 필기용 노트 한 권도 없다는 사실 또한 알아챘다. 학교에서 나오는 통신물은 한 번도 읽은 흔적 없이 구겨진 채 가방에 쑤셔 박혀 있었다. 어머니는 들쭉날쭉한 나의 성적과 전반적인 불성실함에 속을 썩이다가 마침내 폭발하고야 말았다. 대체 넌 뭐가 문제니?

왜 이렇게 게을러? 이래서 뭐가 되겠니. 사람이 왜 그 모양이냐? 너, 내 딸 맞니? 내가 낳은 내 딸이 이럴 줄은 몰랐구나.

오래전 어머니는 내게 자유라는 선물을 준 적이 있다. 내 어린 시절의 도서관이 그곳이다. 도서관은 이제 내가 해야 할 일, 내게 요구되는 일에서 벗어나기 위해 도피하는 곳이 되었다.

나 이제 일어나 가리, 이니스프리로 가리.
거기 외 엮어 진흙 바른 오막집 짓고
아홉 이랑 콩을 심고, 꿀벌통 하나 두고,
벌들 잉잉대는 숲속에 홀로 살으리.

또 거기서 얼마쯤의 평화를 누리리, 평화는 천천히
아침의 베일로부터 귀뚜리 우는 곳으로 떨어져 내리는 것,
한밤은 희미하게 빛나고, 대낮은
자줏빛으로 타오르며,
저녁엔 홍방울새 날개 소리 가득한 곳.

나 이제 일어나 가리, 밤이나 낮이나
호숫가의 잔물결 소리 듣고 있느니
한길이나 잿빛 포도에 서 있으면
가슴 깊은 곳에서 그 소리 듣네 [03]

이니스프리. 내 존재의 부적절함이 내는 소음을 죽이기 위해 시를 읽던 나는 자유가 내는 희미한 소리를 들었다. 영미시에서 위안을 받은 지가 이미 오래. 나는 예이츠와 에밀리 디킨슨, 월리스 스티븐스를 사랑했다. 그리고 당연하게도, 실비아 플라스 또한 그 시인들과 궤를 같이했다. 플라스의 시, 「은유Metaphors」다.

> 나는 아홉 음절로 된 수수께끼
> 나는 코끼리, 육중하고 칙칙한 집
> 두 줄기 덩굴손으로 걷는 멜론
> 오, 붉은 과일, 상아, 양질의 목재!
> 효모가 부풀어 커다래진 이 빵
> 이 두툼한 지갑에서 새로 주조된 돈,
> 나는 수단이고 무대이며 새끼 밴 암소
> 초록 사과를 한 자루 먹어치우고
> 나는 내릴 길 없는 기차에 올라탔다 [04]

'아홉 음절로 된 수수께끼'는 임신을 뜻하는 게 명백했다(서양에서는 보통 임신기간을 9개월로 잡는다). 하지만 나는 제목이 뜻하는 '은유'라는 것을 이리저리 뒤집어 생각해 보았다. 9개월. '아홉 글자'로 된 제목 밑에 '아홉 음절'로 이루어진 행이 '아홉 개'(위 시의 원제 'Metaphors'는 아홉 자의 알파벳으로 이루어진 단어이며 원시에서는 각 행마다 아홉 개의 영어 음절이 포함되어 있다). 임신이라는 것이 시에 존재하는 형식의 규제와 비슷했던 것일까? '내릴 길 없는 기차에 올라탔다'의 은유에 나는 뜨끔했다. 일단 생기면 창조자의 통제를 거스르고 앞으로만 치닫는, 다스리기 힘든 아이들을 비유한 것이 아닐까? 맏딸이 올라탄 기차를 멈출 수 없는 내 어머니의 무능력을 뜻할 수도 있을까?

수수께끼는 답을 내놓지 못했다. 질문만 더 늘었을 뿐. 내가 빠진 이러한 혼란의 모습을 이해한 듯 읊고 있는 로버트 그레이브스의 시를 나는 탐했다.

> 그는 뚜렷한 이미지들을 통해 생각하며 재빠르고
> 나는 깨진 이미지들을 통해 생각하여 느리다
>
> 그는 뚜렷한 이미지들을 믿으며 무뎌지고
> 나는 깨진 이미지들을 믿지 못해 날카로워진다
>
> 이미지들을 믿는 그는 그 사이의 연관성을 가정하고
> 이미지들을 믿지 못하는 나는 그 사이의 연관성을 의심한다
>
> 연관성이 있다는 가정 아래 그는 사실임을 가정하고
> 연관성이 있는지 의심 아래 나는 사실인지 의심한다

    사실이 아님이 드러나면 그는 자신의 감각을 의심하고
    사실이 아님이 드러나면 나는 자신의 감각을 승인한다

    뚜렷한 이미지들을 보는 그는 여전히 재빠르고 무디며
    깨진 이미지들을 보는 나는 여전히 느리고 날카롭다

    자신의 이해로 인해 새로운 혼란을 겪게 되는 그
    자신의 혼란 덕분에 새로운 이해를 얻게 되는 나 [05]

물론 내가 탐독한 책들 중 소설을 빼놓을 수는 없다. 소설, 너무나 많은 소설들. 메리 셸리의『프랑켄슈타인』은 당시 나의 음울한 기분과 딱 맞았다. 샬럿 브론테의『제인 에어』도, 에밀리 브론테의『폭풍의 언덕』도, 헨리 제임스의『나사의 회전』도 마찬가지였다. 나는 어느 날은 창조자 프랑켄슈타인 박사가 되었다가 다른 날은 그의 창조물인 괴물이 되었다. 성실하고 감성이 풍부한 주인공 제인과 대저택 어딘가에 갇혀 있는 미치광이 아내 버사 사이를 오가기도 했다. 히스클리프의 음울함과 저택을 바라보고 있는 아이들이 뿜어내는 희미한 악의에 내 머리털이 비죽 설 때도 있었다.

    유럽사를 가르치는 키넌 선생님은 모든 이들이 존경하는 젊은 여성이었다. 직설적이고 총명한 선생님은 보다 보람찬 일이라는 이유로 훌륭한 보수가 보장된 금융 관련 일을 그만두고 고등학교로

와서 사회 과목을 가르쳤다. 여느 수업처럼 유럽사 수업에서도 나는 손을 들고 질문을 하거나 대답하거나 입을 여는 일을 하지 않았다. 그렇게 몇 개월이 흘렀다.

갈릴레오의 삶에 관한 베르톨트 브레히트의 희곡을 읽은 나는 갈릴레오를 유럽사 기말 리포트 주제로 삼아도 좋다는 허락을 받았다. 고독을 선호하는 십대에게 갈릴레오의 이야기는 모든 요소를 다 갖춘 것처럼 완벽했다. 진실을 향한 한 인간의 추구. 과학과 교리dogma의 충돌. 이단과 정설의 충돌. 사회의 제도권 내 세력은 그들과 다른 생각을 입 밖으로 내는 이들을 죽음으로 위협해 왔다. 진실의 여파가 너무 크기 때문이었다. 선생님은 내 리포트에 A를 주었다. 하지만 걱정스럽게도 수업 후에 자신을 만나러 오라고 했다.

키년 선생님은 조용히 앉아 있는 나를 강렬한 파란 눈동자로 뚫어질 듯 쳐다보았다. 이렇게 훌륭한 리포트를 쓸 수 있으면서 왜 수업에는 관심이 통 없고 길을 잃은 것처럼 보이는 거니, 하고 선생님이 물었다. 너는 우수한 학생일 수 있어, 라고도 말했다. 꿔다 놓은 보릿자루처럼 앉아 있지 않을 수 있겠니? 아하, 귀에 익은 그 표현이 다시 나왔다. 뭐가 문제니? 선생님은 알고 싶다고 했다. 집에 어려운 일이 있니? 혹시 우울증이니? 공부 압박감이 크니? 선생님은 내가 예일 같은 명문대에 들어가지 못해도 괜찮다고 했다. 그냥 앉아 있지만 말고, 정신 차리고 수업에 관심을 가졌으면 좋겠다고 했다.

키년 선생님의 통렬한 비판에 나는 부끄러웠다. 내가 우수한 학생이 될 수 있다는 말도 충격적이었다. 수업시간마다 나 자신이 얼마나 한심하다고 느꼈던가. 내게 걸린 큰 기대에 부응하지 못하고 있는 상황임을 들킨 것도 끔찍했다. 이번에도 나는 할 말이 없었다.

나는 깨진 이미지들을 통해 생각하여 느리다.

내가 뭐가 문제인지 나도 몰랐다. 나는 사라지고 싶었다.

나 이제 일어나 가리, 이니스프리로 가리.

여름방학이 다가오고 있었다. 방향을 잃은 듯한 내 행동거지에 근심이 많던 어머니는 나를 위해 무언가 변화를 도모해야 한다고 생각했다. SAB를 그만두면 공부를 잘하게 될 것이라는 당신의 판단을 수정할까 생각했을지도 모른다. 하지만 이제 돌아가기에는 이미 너무 늦었다.

줄리아드 예비학교

나는 계속 피아노를 쳤다. 하지만 어느 정도 관심은 있었으나 깊은 열정이 있지는 않았다. 동생은 줄리아드 예비학교에서 비올라와 작곡을 공부하고 있었다. 예비학교는 초, 중, 고등학생을 대상으로 음악이론, 솔페지solfege, 오케스트라 리허설, 합창, 마스터 클래스, 악기레슨 등을 제공하는 프로그램이었다. 매주 토요일마다 하루 종일 진행되는 예비학교에 참여하기 위해서 학생들은 매일 집에서 여러 시간의 연습을 해야 했다. 어머니는 그 해 여름 끝무렵 치러질 줄리아드 예비학교 입학시험에 나를 지원시키겠다고 생각했다.

줄리아드는 SAB처럼 링컨센터와 같은 건물 내에 있었다. 이상하게 나는 그 사실 때문에 어머니의 제안에 혹했다는 생각이 든다. 그게 왜 내게 중요한지는 잘 모르겠지만 매우 높은 수준의 음악세계에 가까워진다면 발레에도 다시 접근할 수 있겠다는 생각이 들었다. 나는 결코 훌륭한 수준의 무용수는 될 수 없을 것이다. 하지만 다른 이들이 춤을 배우는 그 공간 옆에서 행해지는 음악공부라면 춤의 대체재까지는 아니더라도 상처를 덜 아프게 하는 연고는 되지 않을까 싶었다.

나는 줄리아드 교수인 올레이냐 푸스키Olegna Fuschi에게 피아노 집중특강을 받기 시작했다. 강하고 아름다우며, 화려하고 비범한 성정의 소유자인 푸스키 선생님은 어머니가 뉴욕 한인의사 부인들의 모임에서 알게 된 지인들의 딸 여럿을 가르친 적이 있었다. 내 실력은 푸스키 선생님이 가르치는 다른 학생들의 수준에 미치지 못했고, 그 수준으로 올라갈 가능성도 없었다. 하지만 이번에도 어머니의 구슬림 덕에 나는 원하는 선생님에게 배우게 되었다.

그 해 여름 나는 처음으로 매일 4시간에서 6시간을 피아노 연습에 쏟았다. 그리고 이틀마다 푸스키 선생님에게 레슨을 받았다. 줄리아드 오디션을 위해 준비한 곡은 네 곡이었다. 바흐의 〈전주곡과 푸가 A단조〉, 베토벤 소나타 〈비창〉, 쇼팽의 〈연습곡 내림 A장조〉, 드뷔시의 〈비 오는 정원〉. 내 피아노 실력은 오디션 당일 절정에 이르렀다. 내가 푸스키 선생님의 제자라는 점 때문에 심사위원들이

올레이냐 푸스키 선생님과 함께.

나를 좋게 본 것도 분명 있다고 생각한다. 나는 합격했다.

줄리아드 예비학교 학생의 다수는 동양인이었다. 실제로 다른 인종의 학생은 드물었다. 예비학교는 동양인이 지배하는 곳이었다. 줄리아드에서 수학하기 위해 한국을 떠나 뉴욕으로 온 상당한 수의 학생들이 기러기 가족이었다. 아버지는 서울에 남고 어머니는 차세대 미도리(저자와 비슷한 나이의 일본 출신 바이올리니스트로, 1980년대에 신동으로 유명했다)를 키우겠다는 야심으로 자녀와 동반한 경우였다. 당시 바이올린 전공자인 한국계 미국인 장영주는 여덟 살의 천재소녀로 이름을 알렸고 그녀는 스타로서 이미 상상 이상으로 빛나고 있었다. 백 년에 한 번 나올까 말까 한 무시무시한 재능을 신으로부터 부여받은 천재들 곁에서 우리 모두는 겸허해졌다. 하지만 우리를 감싸고 있는 음악이라는 것에 대한 진지한 사랑과 추구는 변함 없었다.

한국에서 온 동양인을 제외하면 다수의 학생들이 퀸즈와 웨스트체스터, 롱아일랜드, 그리고 뉴저지 주에서 온 동양계 미국인이었다. 그들은 매일 방과 후 4시간 정도를 연습하면서도 학과 실력 또한 최상위를 유지하는 환상적인 실력의 음악가들이었다. 줄리아드의 경우, 사람들이 동양인에 대해 품고 있는 선입견은 대개 진실이었다.

진실이 아닌 것은 동양계 학생들이 음악을 즐기지 않는다는 선입

견이었다. 링컨센터의 예행무대부터, 탱글우드나 아스펜처럼 환상적으로 멋진 곳에서 열리는 여름음악축제까지 진지한 어린 음악가들은 장난기와 명랑함을 통해 유대감을 창출했다. 아름다움의 창조를 통해 형성된 관계는 가장 우아한 형태의 우정이었다.

  탁월함을 향한 강렬한 열망이 가득한 공간에서 우리는 짜릿한 공감을 나눌 수 있었다. 산 정상에 올라 아래를 보고야 말겠다는 일념으로 베이스캠프를 출발하는 산악인의 심경이랄까. 연습실을 걷고 있노라면 귀에 스치던 소리를 나는 아직도 기억한다. 다섯 살에서 열여덟 살에 이르는 경이로운 젊은 음악가들이 각각의 연습실에서 홀로 연습하는 소리들이 겹겹이 녹아든 소리. 관악기와 현악기, 음정들이 충돌하는 불협화음이 아닌, 빙글빙글 돌아가는 찬란한 만화경 같은 소리. 하지만 그러한 강렬함에 너무 오랫동안 귀를 기울일 수는 없었다. 무언가가 부서질지도 모른다는 두려움 때문이었다.

  줄리아드의 한인 엄마들은 참으로 대단한 존재였다. 탄탄한 관계로 맺어진 그들만의 리그 안에서 엄마들은 매우 흥미로운 기밀정보를 교환했다. 많은 엄마들이 토요일 아침에 아이를 학교에 데려와서 해가 질 때까지 학교에서 머물렀다. 자녀의 수업에 함께 들어가는 것은 허용되지 않았지만 많은 엄마들이 아이들의 악기레슨에 항상 나타나 메모를 하고 강사의 지시를 듣는 등 자녀들의 연습을 관찰했다. 자녀들이 여름합숙캠프에 가면 그 기간 동안은 엄마들 또한 자

줄리아드 예비학교 피아노 독주회.

녀들을 따라 시골이나 산, 또는 유럽의 소도시로 이동하여 자기 아이가 제대로 먹고 배우며 연습을 하는지 확인했다. 이러한 엄마들은 학생과는 별개로도 사람들의 주목을 끌었고, 재능을 가진 자식들을 열광적으로 응원하는 행태로 줄리아드의 모습을 활기차게 했다.

내 어머니는 줄리아드 엄마들과 비교하면 이 영역에선 별 관심도, 야심도, 정력도 내비치지 않는 편이라 할 수 있었다. 피아노레슨 시간에 같이 들어와도 어머니는 졸거나 책을 보며 나를 기다릴 따름이었다. 내가 연습하는 곡의 제목을 묻는다면 어머니는 대답하지 못했을 것이다. 사실 어머니는 내가 하는 일을 자세히 관찰하는 데는 그리 큰 관심이 없었다. 어떤 기회나 행사에 나를 '데리고' 가서 전문가에게 맡긴 후 더 이상은 간섭하지 않는 것이 어머니의 전형적인 교육방식이었다. 내 일에 세세하게 간섭할 만큼 당신이 상황에 대해 안다고 생각하지 않았다. 상황을 안다는 사람들 곁에 나를 데려다 두는 것이 다였다. 학교에 계속 오기는 했지만, 치맛바람 센 줄리아드 엄마들 사이에서 내 어머니는 상대적으로 힘도 없었고 눈에 띄지도 않았다. 줄리아드 엄마들이 어머니회 상근임원이라면 내 어머니는 점심 모임에만 나타나는 축에 속했다.

자녀들의 음악교육을 계속적으로 지원하기 위해 다수의 한인부모들이 택하는 희생의 정도는 어이 없을 정도로 심했다. 자녀교육 외에는 삶의 의미가 없는 것처럼 보였다. 내 어머니의 경우, 약간은 모순된 모습을 보였다. 일단 우리는 극성부모들과 같은 환경에 있었고 그들의 맹렬함과 탁월함에 근접함으로써 커다란 혜택을 누렸다. 그럼에도 내 어머니는 부모가 자식을 위해 과도한 희생을 치르는 현상을 약간은 경멸적인 눈으로 바라보았다. 무언가의 추구가 아무리 가치 있다 해도 어머니는 과도한 상태에 이르기 전에 이미 몸을 움츠렸다. 우리가 부모의 희생 때문에 부담을 느끼게 되는 것을 어머니는 원하지 않았다(지금도 어머니는 당신이 늙고 정신이 희미해지면 직접 돌보지 말고 요양원에 넣으라고 할 정도다). 어머니가 내 음악공부 등에 나 자신보다 더 신경을 쓴다고 느낀 적은 한 번도 없다. 강제로 연습을 시킨 적도 결코 없었다(하지만 그랬다면 분명 내 테크닉은 훨씬 더 좋아졌을 것이다).

줄리아드 예비학교에 다니는 동안, 나는 원래는 매일 집에서 4시간씩 연습해야 했다. 나는 꾸준하게 연습을 하는 편은 아니었다. 연습을 전혀 하지 않고 레슨에 간 적도 있었다. 하지만 우리가 연습하는 곡은 아무리 더뎌도 목표한 수준에 도달하기는 했다. 정기적으로 학생들에게 연주를 시키는 마스터 클래스 덕분이었다. 마스터 클래스의 학생들은 모두 서로의 연주를 듣고 선생의 비평도 함께 들었기 때문에 연습 없이 마스터 클래스에 간다면 매우 불쾌한 결과를 초래할 것이 자명했다. 나는 이러한 형태의 삶에 참여하는 것이 정말 좋았다. 하지만 내 실력이 줄리아드의 보다 우수한 수많은 음악가들의 발치에도 못 미친다는 것은 잘 알고 있었다.

줄리아드 예비학교 시절, 독주회를 마치고, 뉴욕 1990년.

"탁월함을 향한 강렬한 열망이 가득한 공간에서
우리는 짜릿한 공감을 나눌 수 있었다."

여름은 매일 음악에만 집중해야 하는 시간이었다. 푸스키 선생님은 학생들(및 줄리아드 엄마들 몇 명)을 이끌고 유럽으로 갔다. 우리는 대형 버스를 타고 두 달을 함께 여행했는데, 스페인과 이탈리아, 프랑스의 멋진 도시나 예쁜 동네에 잠깐씩 머무르며 거의 매일 저녁 연주를 했다. 십대 소년소녀와 어린아이들로 이뤄진 잡탕 풍각쟁이들이 처음으로 유럽을 접하는 방법치고는 정말 탁월했다. 낮에는 지중해와 알프스, 마드리드의 프라도 미술관과 바티칸의 성 베드로 성당에서 즐기고 밤에는 오래된 연주장과 중세의 교회에서 연주하기. 그 해 여름, 오만 가지 다양한 장소에 모인 외국인 청중들 앞에서 날씨가 궂건 좋건 공연을 하면서 한때 나를 잠식했던 무대 공포증은 거의 모습을 감추었다.

유럽에서 처음 접한 그림들과 건축물은 뉴욕에 돌아온 후에도 내 머릿속에서 떠나지 않았다. 나는 고등학교 미술사 수업에 풍덩 몸을 던졌다. 프로방스 지방에 구제불능으로 홀딱 빠진 나는 프랑스어에 대한 관심으로 새롭게 무장하고 공부를 시작했다. 메트로폴리탄 미술관과 구겐하임 미술관, 뉴욕현대미술관은 내 놀이터가 되었다. 방과 후 지하철로 집에 돌아가기 전, 나는 잊지 않고 이런 장소들을 잠깐이라도 들러보려고 노력했다.

고등학교 졸업반이 되었다. 나는 시와 소설, 미술, 극장 공연과 음악 등 내 마음을 빼앗고 공부를 방해했던 것들과 수업 시간에 일어나는 일들을 연결해 보기 시작했다. 나는 상위권 성적이 아니었고 꾸준히 공부하는 버릇도 없었다. 하지만 내가 철학과 문학 시간에 활기를 띠는 모습을 보고 선생님들은 관심을 보이기 시작했다. 내 앞에 존재했던 많은 어린 독서가들과 학생들이 그랬듯이, 나 또한 플라톤과 아리스토텔레스, 호메로스와 소포클레스로부터 큰 자극을 받았다.

줄리아드 예비학교를 졸업하는 학생들은 링컨센터에 위치한 줄리아드 독주회장에서 제대로 된 독주회를 한다. 바흐의 〈전주곡과 푸가 D장조〉, 베토벤의 〈피아노 소나타 F장조〉, 브람스의 〈로망스〉 및 〈간주곡〉 몇 곡, 쇼팽의 〈뱃노래〉(내가 아주 좋아하는 곡으로 꿈결같은 느낌의 곡이다)와 라벨의 〈물의 희롱〉이 내 독주회 레퍼토리였다. 독주회 전날, 나는 침대에 누웠지만 잠을 이룰 수 없었다. 가슴이 마구 뛰고 겁이 나고 악몽을 꾸는, 예전에 자주 겪던 불면증상에 시달렸다. 새벽 2시가 가고, 3시가 가고, 4시 또한 지났다. 한숨도 눈을 못 붙인 채로 동이 텄다.

자칫하면 나를 괴롭혔을 수도 있었던 무대 공포증은 완전히 수면 부족에 묻혀서 나타나지 않았다. 나는 그럭저럭 연주회를 마칠 수 있었다. 베토벤의 소나타 중간에 실수를 저지르긴 했지만 곧 회복하여 나머지 콘서트를 잘 마쳤고, 콘서트 후반의 연주 수준은 상당히 높기까지 했다. 헌터스쿨 친구들이 와서 연주회 후에 축하를 해

피아노 연습 중간에, 1990년. (위)
줄리아드 예비학교 졸업식에서, 1991년. (아래)

주었다. 두어 달 후, 나는 같은 공연을 카네기홀 독주회장에서 되풀이했다.

나의 고등학교 친구들은 공연 예술에 매료되어 있었다. 우리는 학교 연극반에 모여 뮤지컬을 만들었다. 나는 음악감독 겸 악단 지휘자였다. 나랑 절친한 친구들이 연출과 남녀주인공 역할을 맡았다. 친구들과 같이 작품을 꾸미며 일과 놀이의 기쁨을 동시에 맛본 경험은 홀로 작업하는 일에 익숙하던 내게는 좋은 보완이 되었다. 뮤지컬 경험은 혼자 하는 작업이 아닌, 우정과 협력을 통해 창조성을 함께 발현하는 작업의 좋은 모범으로서 내게 중요한 영향을 끼쳤다. 홀로 쌓은 수련을 통해 습득한 지식에 힘입어 동료들로부터 리더로 인식된 것 역시 내게는 큰 힘이 되었다.

지금 생각하면 창피하지만, 나는 친구들이 음정에 맞춰 노래하고 연주하지 못하거나 아주 정확하게 박자를 맞추지 못하면 마구 짜증을 부리고 독재자처럼 굴었다. 불완전함을 용납하지 않는 것이 높은 기준을 가지고 리더십을 발휘하는 것과 동일하다고 생각했다. 나는 미숙했다. 뮤지컬 경험을 통해 나는 일을 완벽하게 처리하는 것이 가장 중요한 게 아니라는 점을 배웠다. 협동작업의 핵심은 내가 세운 기준에 정확하게 맞춰 일하는 것이 아니었다. 다른 이들과 어울려 창조성을 발휘하고 의미 있는 작품을 함께 만드는 것이 핵심이었다. 바로 그 점이 협동작업의 묘미였다.

예일대 조기지원

여름이 끝나고 바로 대학 입시철이 시작되었다. 내 성적은 헌터스쿨의 최상위권이 아니었지만 여전히 선생님들은 예일대에 지원해 보라고 나를 격려했다. 내가 가진 예술적 재능과 음악 활동을 활용하면 예일대가 좋아할 만한 지원서를 갖출 수 있다고 생각한 것이다. 합격 여부를 결정하는 마지막 순간에 힘을 발휘하는 것은 우수한 성적보다는 입증된 창조성과 상상력, 그리고 엄격한 단련일 것이라고 선생님들은 짐작했다. 나는 그 말에 의구심이 들었지만 시도해 보겠다고 동의했다.

게으름을 피우며 지원서 작성을 미루는 내 모습에 어머니는 이를 갈고 머리카락을 쥐어뜯었다. 마침내 지원서 발송 마감일이 닥쳤다. 그날 밤 어머니는 늦게까지 문을 연 도심의 우체국을 찾느라고 동분서주했다. 나는 급하게 쓴 에세이 작문과, 가산점을 위해 독주회에서 괜찮은 부분을 뽑아 녹음한 테이프를 가까스로 보냈다. 무사태평한 표정으로 빈둥거리다 간신히 마감일을 맞춘 나 때문에 스트레스를 받아, 어머니의 수명은 아마도 몇 년은 줄었을 것이다.

내 문제는 이런 게으름만이 아니었다. 설상가상으로 십대 시절의 내 외모는 어머니가 이상적으로 생각하는 여성미가 아니었다.

"머리 좀 빗어. 미친 여자 같잖아." 어머니가 말했다.

"빗이 없어." 내가 말했다.

"피부가 왜 그렇니? 콜리플라워도 아니고." 어머니가 말했다.

"몰라." 내가 말했다.

"왜 거지처럼 그걸 신었니?" 어머니가 말했다.

"나 좀 그냥 내버려 둬."

"너 살쪘니?"

요약하자면, 어머니는 쉴 새 없이 나에 대한 비평을 늘어놓았고 나는 산만한 장애물 코스를 요리조리 누비며 통과하는 법을 익혔다. 어떤 것은 받아들이고 어떤 것은 한 귀로 흘려야 하는지를 배웠다. 그건 쉽지 않았다.

하지만 어머니의 간섭이 쓸데없는 잔소리에 그친 적은 결코 없었다. 지금도 그렇지만 어머니는 항상 무슨 일을 해서라도 나를 돕겠다는 절대적인 의지를 행동을 통해 보여주었다. 어떤 상황이 닥쳐도 마찬가지였고 망설인 적도 없었다. 딸의 삶을 편하게 해주는 일이라면, 딸의 한 시간을 아껴주기 위해서라면 어머니는 기꺼이 열 시간도 쓸 분이다. 내가 잘못된 길을 간다고 믿으면 난리법석을 피우며 나와 싸우겠지만, 내가 고집을 꺾지 않으면 나를 지원할 분이다. 내 어깨가 조금이라도 가벼워진다면 어머니는 행복한 마음으로 나 대신 짐을 짊어질 분이고, 나 대신 감옥에라도 갈 분이다. 어머니에 대한 나의 이러한 확신은 이제껏 흔들린 적이 없다. 그렇기에 나는 어머니에게도, 내가 누리는 자유에 대해서도 깊이 감사하는 마음을 지니게 되었다. 그것이 어머니가 내게 준 선물이었다.

나는 예일대에 조기지원(정규지원보다 여러 달 먼저 지원하는 제도로, 보통 정규지원자보다 성적이 우수해야 합격이 가능하다)했다. 성적만 본다면 성공할 확률은 높지 않았다. 면접을 보러 예일대 캠퍼스를 방문했을 때 감히 내가 이런 대학에 지원하다니 무모했구나, 하는 생각이 들 정도였다. 하지만 나는 대학과 사랑에 빠져버렸다. 어머니 친구의 딸이 예일대 1학년 학생이어서 나는 그녀의 기숙사에서 묵었다. 올드 캠퍼스(예일대는 1학년의 경우, 전원 기숙사생활을 한다)에 위치한 기숙사에서 마주친 그녀와 친구들은 건강하고 활기차 보였다. 얼굴에서 빛이 났고 굉장히 재미있게 지내는 것처럼 보였다. 운동도 열심히 하고 음악을 즐겼으며 유머감각도 뛰어났고 문학적이기까지 했다. 청결하고 꾸밈이 없었다. 자신들의 공부에 대해 진지한 태도를 지녔지만 대놓고 드러내지 않았다. 그들에겐 좋은 친구들이 있었다. 나는 그들이 존경스러웠고 그들과 어울리는 내 모습을 상상해 보았다.

입학사정실에 있던 내 면접관은 예일대 졸업생인 삼십대 흑인이었다. 명문사립고 출신의 외양을 한 그는 내가 무엇에 가장 열광하는지, 자유시간에는 무엇을 하는지, 우정의 어떤 측면이 내게 중요한지, 그리고 대학에 오면 어떤 과외활동을 할 생각인지를 물었다. 그는 상냥했고 면접 분위기도 편했다. 하지만 심하게 당황한 나는 얼어버렸고, 그나마 간신히 한 대답은 조리가 없었다. 나는 나 자신이 바보같은 말을 하는 걸 들었다. 나는 눈물을 꾹 참으면서 면접을 마쳤다.

놀라울 것도 없이 나는 조기합격에 실패했지만 최종결정은 뒤로 미뤄졌다. 정확한 합격 여부를 알려면 두어 달을 기다려야 했다. 아

1991년 헌터스쿨 졸업파티.

버지가 내 방에 와서 합격하지 않아도 정말 괜찮다고 연민 어린 표정으로 말했다. 나를 조건 없이 사랑한다고 했다.

소식은 봄과 함께 왔다. 늦잠에 빠져 있던 어느 토요일 아침, 막내가 내 얼굴 위로 커다란 봉투를 흔들며 나를 깨웠다. 합격이었다. 무슨 이유에선지 예일은 내가 이 학교에 적합하다고 판단한 것이다.

나도 이것이 공정하지 않다는 것을 안다. 나는 헌터의 다른 학생들만큼 학업성취도가 높지 않았다. 예일대 동기가 될 다른 아이들보다 공부를 많이 하지도 않았고, 시험을 잘 보거나 과제를 잘한 것도 아니었다. 그런 나를 학교에서의 고립과 터무니없이 심한 내향성에서 구해 준 것이 바로 책과 다양한 발상, 예술에 대한 사랑이었다. 그것은 내게 세상의 문을 열어주었고 내 미래의 기초가 되어줄 것이었다. 나는 내가 운이 무진장 좋으며 축복받았다는 것을 알고 있었다. 나는 감사했다. 또한 동시에 받을 자격이 없는 선물을 받은 사람만이 느낄 수 있는 죄책감을 느끼기도 했다.

＃ 03

자유를 향하여
Toward Freedom

어디서 누군가가 너를 향해 격렬하게 다가오고 있네
놀라운 속도로, 밤과 낮을 달려
눈보라와 사막의 열기를 뚫고, 급류를 헤치고 좁은 길을 따라
하지만 그가 알 것인가, 너를 어디에서 찾을지
그가 알아볼 것인가, 너를 보았을 때
네게 건넬 것인가, 너를 위해 품은 그것을.
— 존 애쉬베리 [06]

대학 시절

우리는 예일대가 위치한 뉴헤이븐으로 길을 떠났다. 지금껏 집을 떠나본 적이 없던 내가 챙겨야 한다고 믿었던, 그러나 결국은 쓸모없는 것으로 판명된 물건들로 부모님의 차는 천장까지 가득 찼다. 저녁식사 모임에는 옷을 제대로 차려입어야 할 것이라고 생각한 어머니는 실크 드레스와 모직 재킷 등, 아름다운 옷가지들을 한가득 챙기게 했다. 예전 아이비리그 사진에 찍힌, 재킷과 넥타이를 맨 예일 학생들의 모습을 보고 상상한 것이다. 우리가 속해 있는 세계에서 아이비리그로 건너간 유례가 없었기 때문에, 어머니도 나도 1990년대의 예일대생은 낡은 스웨터와 트레이닝 팬츠, 청바지를 입는다는 사실을 미처 몰랐다. 나는 재빨리 적응했다.

내 룸메이트인 트리시아도 나만큼이나 낯선 환경에 입을 딱 벌렸다. 어머니 및 형제자매들과 함께 일리노이 주에서 뉴헤이븐까지 운전하고 온 트리시아는 키카푸라는 시골 동네 출신으로, 옥수수 밭 사이에서 뛰놀고 소 떼를 몰며 농장에서 자랐다고 했다. 트리시아네 가족은 천주교를 믿는 아일랜드계 미국인이었다. 14년 후, 지역 성당에서 음악선생님이자 전직 수녀인 트리시아의 어머니가 오르간을 연주하는 가운데 행해진 트리시아의 결혼식에서 나는 들러리를 서게 된다. 머리를 양갈래로 땋아 어깨 위로 드리우고 "나는 나일 뿐"이라 쓰인 티셔츠를 입은 채 예일에 온 트리시아는 내게는 이국적인 중서부인이었다. 그녀에게 나는 뉴요커이자 처음으로 사귄 진짜 동양인 친구였다.

'마음'이라는 것의 모범이 있다면, 트리시아의 마음은 바로 박물관에 고이 간직되어야 할 그런 모범일 것이다. 트리시아는 가식이 없고 언제나 열린 마음으로 진실했다. 벽이 없었다. 처음 만난 날부터 우리는 가장 친한 친구가 되었다. 우리 기숙사 방은 누가 봐도 웃긴 곳이었을 것이다. 룸메이트를 지정해 주는 대학 사무실이 꿈꾸는 그런 조합이라고나 할까. 내가 쓰는 반쪽은 모더니즘 계열의 미술포스터들과 고전음악 CD가 꽂힌 책꽂이가 차지한 반면, 트리시아의 반쪽은 귀여운 펭귄과 곰인형, 그리고 에어 서플라이와 피터 가브리엘의 음악(트리시아 때문에 나도 곧 이들의 신봉자가 되었다)이 장식하고 있었다.

우리 스위트메이트(부엌이나 화장실은 공유하지만 침실은 따로 쓰는 동거인)의 이름은 루시로, 펜실베이니아 근교 부촌 출신이었다. 루시는 금발에 바닷가에서 태운 듯 건강하게 그을린 피부를 자랑했고, 활발하고 강인한 데다 못하는 것이 없는 친구였다. 피아노와 기타를 쳤고 아름답게 노래를 불렀으며 그림도 잘 그렸고 성적 또한 만만치 않았다. 루시는 친구도 쉽게 사귀었다. 그녀가 가는 곳마다 흥겨운 웃음소리가 뒤따랐다. 저녁에 기숙사 휴게실에 오면 루시와 갓 사귄 친구가 벽에 기대 앉아 루시가 연주하고 부르는 포크송이나 컨츄리음악을 몇 시간이나 듣는 모습을 볼 수 있었다.

루시는 매일의 대학생활을 축제처럼 즐겼다. 그녀를 만난 사람이라면 모두 루시의 삶에 동참하기를 원했다. 루시는 친구들에게 우스꽝스런 별명을 붙여 주었다. 내 별명은 '콩^{Bean}'이고 트리시아는 '물고기^{Fish}'였다. 루시는 우습고 풍자적인 소동을 벌이고 방을 장식하는 등, 할로윈과 성탄절, 부활절을 재미있게 보내는 법을 우리에게 가르쳤다. 루시의 특이한 생각에 맞춰 옷을 입으면 우리가 이기지 못할 코스튬대회란 없었다. 그녀는 가발을 쓰고 변장을 한 후 짓궂은 장난을 쳤다. 언젠가 나는 캠퍼스 안내를 원하는 영국 출신의 예비 신입생인 척한 루시에게 하루를 꼬박 속은 적도 있었다.

학기중의 예일대 올드캠퍼스 휴게실은 어처구니없는 짓을 일삼으면서도 철학적인 1학년들이 매일 저녁 모여 밤늦게까지 놀고 토

예일대 기숙사 룸메이트들과, 롱비치 아일랜드, 뉴저지 주. (위)
예일대 친구들과의 할로윈 파티. 1993년 그리고 1994년. (가운데, 아래)

론하는 건전한 모임의 중심부였다. 정말 매력적이고 멋진 시절이었다.

네 번째 스위트메이트의 이름은 재나. 우리가 붙인 별명은 '마마Mama'였다. 재나는 뉴헤이븐 출신으로 대다수의 학생들이 대학진학을 하지 않는 도심의 공립학교를 다녔다. 그녀는 자기 궤도 안에 들어온 사람은 모두 따뜻하게 받아들였다. 재나는 겉치레가 없고 진실하고 개성이 뚜렷했으며 유머감각이 뛰어났다. 그녀는 어린 시절부터 루푸스병(자가면역 질환의 일종)을 앓고 있었다. 하지만 그녀는 아픈 것을 그리 티 내지 않았으며, 그녀의 웃음은 전염성이 강했다. 재나가 우리 기숙사 건물인 조너선 에드워즈 칼리지(예일의 기숙사 이름에는 칼리지가 들어간다)의 안뜰에 들어올 때마다 모든 사람이 고딕스타일 건물을 둘러싼 석재에 부딪쳐 울리는 그녀의 발라드 노래를 들었다. 친구들은 창밖으로 고개를 내밀고 반갑다고 소리치곤 했다. 재나가 우리 학년에서 가장 인기가 많았다는 주장에 이의를 제기할 사람은 없다. 그녀는 그냥 많은 사랑을 받았다. 거의 숭배의 수준으로.

이러한 우정은 예일 시절의 소중한 보물이었다. 우리들은 20년이 넘도록 계속 친한 관계를 유지하고 있다. 지금은 다들 다른 도시에 살고 있지만 매년 시간을 쪼개 메인 주나 낸터켓(매사추세츠 주 도시로, 여름 휴양지로 인기 있는 곳), 또는 코네티컷 주에 모여 긴 주말을 함께 보낸다. 대학 시절 뉴저지 해변에 있는 루시의 가족별장에 놀러 가면서 시작된 연례행사다. 끝없이 수다를 떨고, 음식을 해 먹고, 누가 움찔만 해도 깔깔 웃는다. 특히 우리 자신을 농담거리로 삼아 웃으며, 늙는다는 것에 대한 서글픔을 함께 나눈다. 난 절대 이 친구들과 함께하는 휴가는 놓치지 않는다.

난 대학을 사랑했다. 부모님은 단순히 나를 대학에 보낸 게 아니었다. 부모님은 나를 자유롭게 놓아준 것이다. 그 시절 나는 내가 원하는 것을 할 수 있었다. 부모님의 지원 덕분에 나는 다른 수많은 학생들처럼 경비를 대기 위해 아르바이트를 할 필요가 없었다. 부모님은 내가 무엇을 하며 시간을 보내는지, 심지어는 무엇을 공부하는지도 알려고 하지 않았다. 그렇게 나를 열심히 지원하면서도 통제할 생각을 전혀 하지 않는다는 것이 꽤 놀라웠다. 부모님이 일부러 그런 건지, 나를 신뢰한다는 신호였는지, 아니면 나에 대한 세세한 관심이 부족했던 건지는 모르지만, 그것은 진정한 선물이었다. 나는 진정 자유를 느꼈다.

하지만 나는 여전히 할 일을 마지막 순간까지 미루기 일쑤였고, 수업 시간에는 집중하지 못했고, 수업과제는 자주 게을리했다. 나는 철학을 공부하고 싶었다. 나를 사로잡은 것은 예술과 관련된 철학적 궁금증이었다. 예술이란 무엇인가? 인간이 무엇을 만든다는 것의 의미는 무엇인가? 우리는 어떻게 우리가 만드는 것을 통해 의미를 창조하는가? 인간의 표현, 재현, 해석은 어떻게 작용하는가?

무엇을 '만드는' 행위로서 나를 사로잡은 것은 문학이었다. 이민의 경험에서 내가 맛보았던 언어의 단절은 너무나 강렬했다. 나는 언어라는 주제에 집착하기 시작했다. 단어와 개념, 그리고 사물과의 관계를 언어는 어떻게 재현하는가? 이성과 감정의 언어적 재현 말이다. 언어는 사물에 귀착하는 법인데도 어째서 때로는 스스로 생명을 가진 것처럼 보이는가? 그리고 언어는 어떻게 '인간적'이라는 개념의 형태를 잡는가? 언어는 어떻게 인격을 창조하는가? 말을 통해 우리는 우리가 어디서 왔는지를 이야기하고, 우리의 미래가 어떨지를 구성한다.

나는 문학 언어의 연구에서 내 학문적 소명을 발견했다.

> 많이 여행했다 나는, 황금의 나라에서.
> 그리고 훌륭한 나라들과 왕국을 많이 보았다.
> 시인들이 아폴로를 모시는
> 서구의 섬들도 둘러보았다.
> 깊은 눈매의 호메로스가 자신의 영토로
> 다스리는 넓은 땅에 대해서 가끔 들은 적이 있었다.
> 그러나 채프먼이 크고 당당하게 말하는 것을 듣고서야
> 비로소 그 순수하고 맑은 공기를 호흡하게 되었다.

그때 나는 새 별이 자신의 시야로 헤엄쳐 들어오는 순간의

천체 관측자처럼 느꼈다.

아니면 매의 눈으로 태평양을 바라볼 때의

늠름한 코르테스처럼, 거칠게 추측하며

서로를 쳐다보는 부하들과 함께,

말없이, 다리엔의 꼭대기에서. [07]

익숙한 것들 안에서 기막힌 발견을 할 때 느끼는 깨달음은 내가 거듭 맛보고자 하는 것이었다. 키츠의 시에 대한 리포트를 쓰면서 나는 예일대 문학부에 마음이 끌렸다. 시를 강의하던 교수가 내가 제출한 리포트를 읽고 수업 후에 보자고 했다. 가슴이 내려앉았다. 호출의 이유를 알 것 같았다. 나는 심한 비판에 대비해 마음의 준비를 했다.

하지만 내 생각은 틀렸다. 교수는 내 리포트가 훌륭하며, 그 분야에서 발표된 대부분의 논문보다 더 낫다는 것을 말해 주고 싶었다고 했다. 그리고 내가 수업에 많은 기여를 한다고도 했다. 나는 놀라 어쩔 줄을 몰랐다. 교수가 다른 학생과 나를 착각한 게 틀림없다고 생각했다.

조언을 반길 준비가 된 학생에게, 특별한 스승이 적절한 시기에 선사하는 격려의 힘은 매우 강력할 수 있다. 거의 하룻밤 사이에 나

는 수업에 신경을 쓰고 도서관에서 예습을 하는 학생으로 변했다. 밤이 하얗게 새도록 책을 읽으며 가졌던 죄책감 어린 즐거움은 그해에 체계적인 문학 공부로 자연스럽게 변모했다. 누군가에게 발견되었다는 감동적인 느낌은 텍스트에 대한 생각과 글쓰기로 이어졌다.

때때로 사람들은 내게 대학 시절에 읽은 책 중 큰 영향을 받은 책을 한 권 꼽아달라는 질문을 한다. 이런 질문은 난감하다. 책 한 권은 고사하고, 열 권으로 추리는 것도 힘들다. 인간의 내면세계에 종종 깊숙이 숨어드는 생각과 감정은 이제껏 읽은 텍스트와 경험이 모두 한데 모여 짜여진 태피스트리 같은 것이다. 앞에서 나는 그러한 과정을 잠깐씩 내비쳤다. 하지만 나를 크게 뒤흔들고 그 영향이 아직도 남아 있는 책을 굳이 한 권만 고르라면, 나는 『오이디푸스 왕 Oedipus Rex』이라고 말하겠다. 이 소포클레스의 희곡은 이런저런 형태로 거의 매일 내 생각 안에 파고든다. 다들 아는 줄거리겠지만, 나는 읊을 때마다 새삼 소름이 확 돋는다.

어느 날 어떤 왕이 자신이 아들에게 살해당하리라는 신탁을 받는다. 그는 갓난 아들의 양발을 묶은 후 신하에게 죽이라 명한다. 신하는 아이가 죽게끔 유기하지만, 어린 오이디푸스는 양치기에게 구조되어 다른 나라의 왕과 왕비에게 보내진다. 아이가 없던 다른 나라의 왕과 왕비는 그를 어른으로 키워 낸다. 성인이 된 오이디푸스는 그가 자신의 아버지를 죽이고 어머니와 잠자리를 할 운명이라는 신탁의 예언을 듣는다. 자신을 길러 준 부모가 친부모라 믿은 그는 그들을 해치지 않기 위해 나라를 등지고 여행을 떠난다. 그는 좁은 길에서 그의 진정한 아버지, 즉 갓난 오이디푸스를 죽이라 명령했던 왕을 만나게 된다. 두 사람은 서로의 정체를 모른 채 누가 먼저 길을 갈 권리가 있는가를 두고 싸우게 되고, 오이디푸스는 결국 그의 친아버지를 죽이게 된다. 그 후 여행을 계속하던 오이디푸스는 자신이 태어난 나라를 저주에서 풀어주는 수수께끼를 해결하게 되고, 보상으로 죽은 왕의 자리를 물려받고 왕비였던 친어머니와 결혼을 하게 된다. 이 희곡은 왕이 된 오이디푸스가 조금씩 진상을 알게 되는, 피를 말리는 과정을 통해 극적으로 전개된다. 마침내, 차마 견디기 힘든 진실이 드러나고 만다. 그가 아버지를 죽이고 어머니와 혼인을 했다는 진실. 오이디푸스는 자신의 두 눈을 스스로 파내어 눈을 멀게 한다.

서양문학사상 최고의 작품 중 하나가 스스로에 대한 인간의 통찰의 어려움을 극화한 작품이라는 것은 우연이 아니다. 그 기본 주제는 이렇다. 다가오는 비극을 막기 위해 애써 노력하지만, 바로 그 비극을 피하기 위해 스스로에 대해 꼭 알아야 하는 진실을 모를 수 있다는 것. 마침내 드러나는 인과관계에 힘입어 사건의 전후 맥락을 이해하게 되는 주인공은, 자신이 그 사건의 중심인물이었음에도 불구하고 상황을 통제할 능력은 없었던 이 역설의 과정을 겪게 된다. 별 생각 없이 외면한 진실을 마침내 알게 되었을 때, 그 내용은 견디기 힘들 정도로 잔혹하여 차라리 모르면 좋았으리라 인간은 바라게 된다. 스스로에 대한 통찰을 손에 넣기란 어렵다. 하지만 일단 손에 넣으면 그 참혹한 모습에 차마 실체를 바라볼 수조차 없다. 이러한 투쟁은 평생 동안 지속된다. 우리가 모든 것을 파악했다고 믿는 바로 그때, 그제서야 우리가 정말로 중요한 것들을 모르고 있었다는 사실을 깨닫는 일은 흔하다.

 학부 과정이 끝나갈 무렵, 나는 십대 시절의 내가 두 눈을 질끈 감고 내 안에 도사리고 있던 분노와 슬픔을 여러 해 동안 모른 척했다는 사실을 깨달았다. 나를 껍데기가 아닌 나 자신처럼 느끼게 했던 소중한 발레 공부를 폭력적인 방법으로 빼앗겼으면서도 그로 인한 분노와 슬픔과 대면하지 못했고, 그로 인한 아픔도 풀지 못했다. 그런 이유 때문인지 나는 겁을 먹은 채, 진정한 관심을 가지고 무언가를 시도하는 것을 꺼리게 된 것이다. 반쯤 잠이 든 상태, 마취된 듯한 상태에 잠겨 나는 무수한 가능성을 향해 나 자신을 활짝 열어젖히지 못하고 있었다. 나 자신을 건다는 것도, 무엇을 사랑한다는 것을 인정하는 것도 너무나 두려웠다. 탁월함을 추구하고 그에 걸맞는 높은 기준을 만족시키기 위한 노력을 하는 것이 위험하게 느껴졌다. 그런 시도를 했다가 힘없이 빼앗기고 말았던 발레가 떠올랐기 때문이다. 적당히 일하고 너무 마음을 쏟지 않는 편이 더 안전하다고 느껴졌다.

그러한 벽을 무너뜨리는 방법을 알기는 힘들다. 하지만 나의 경우, 끝까지 돕겠다는 의지로 나를 세게 밀어붙인 스승들이 있었던 것이 큰 역할을 했다고 생각한다. 사족 없이, 그저 '넌 할 수 있어'라는 단순한 메시지를 나에게 건넸던 선생님들이었다. 그리고 내 안에 숨어 있던 열망을 다시 일깨우고 무언가를 배우는 것은 매우 즐거운 경험이라 느껴도 괜찮다고 나 자신에게 허락했을 때 벽은 비로소 완전히 무너졌다. 고학년이 된 후에야 나는 훌륭한 대학이 제공하는 보석 같은 기회에 이렇듯 마음을 열기 시작했다.

나를 격려한 것은 예일대 문학부의 프랑스문학 교수들이었다. 나는 프랑스 시, 특히 보들레르에 집중하기로 결심했다.

> 자연은 하나의 신전, 거기 살아 있는 기둥들에서
> 이따금씩 어렴풋한 말소리 새어나오고;
> 인간이 그곳 상징의 숲을 지나가면
> 숲은 정다운 시선으로 그를 지켜본다. [08]

여름마다 프랑스에서 공부를 하며 나의 프랑스어 실력은 죽죽 늘었다. 동생과 나는 함께 아비뇽의 아파트에 머물렀다. 팔레 데 파프('아비뇽의 유수'로 유명한 교황청 건물) 옆에 위치한, 거대한 창문이 있는 아파트였다. 우리는 프랑스어와 프랑스어권 문학을 공부했고, 친구를 사귀었고, 프랑스어로 꿈을 꾸었으며, 프로방스와 깊이, 아

예일대 졸업식에서 기수로 행진했다. 1995년.(위)
《뉴욕중앙일보》꿈나무상 시상식. 1995년.(아래)

주 깊이 사랑에 빠졌다. 아비뇽연극축제를 보러 어머니가 온 적도 있다. 어머니는 연극을 프랑스어로 한다며 불평했다.

예일대 마지막 해. 나는 감히 마셜 장학생에 지원했다. 마셜 장학금을 타면 수년간 전액 지원을 받으며 영국에서 대학원 과정 공부를 할 수 있었다. 이 명망 높은 장학제도에 지원한 나는 워싱턴 D.C.에서 열리는 면접에 초대를 받았는데, 면접에서 아무 지식 없는 사기꾼으로 판명이 날지도 모른다는 생각이 들었다. 얼어붙거나 더듬거리며 어떤 질문에도 대답하지 못할 수도 있었다. 완전한 굴욕을 당할 가능성이 분명해 보였다.

문 안으로 들어선 나는 악수를 하기 위해 저명한 선발위원들을 향해 걸으며 다시 한 번 변신을 해 보려고 했다. 즉, 꾸물대는 유충에서 나비로의 변신을 시도했다. 피아노 독주회 무대로 걸어가던 어린 시절의 기억이 머릿속에 번득였다. 바늘 떨어지는 소리도 들릴 법한 고요한 독주회장에서 음에 어린 음색 하나하나를 다 짚어내는 심사위원들의 쫑긋 선 귀를 뒤로하고 피아노 앞에 앉아 아무렇지도 않은 듯 연주를 시작하는 데는 엄청난 용기가 필요했다. 어떤 면접도 그때 그 피아노 독주회처럼 큰 부담을 감수하거나 자신을 드러내야 할 경우는 없을 것이다. 나는 숨을 쉬고 정신을 가다듬었다. 나는 키츠와 보들레르에 대해 설명했다. 문학이론가들과 언어철학자들의 관계에 대해 이야기했다. 내 농담에 면접관들이 웃었다. 정말, 이게 나였나? 나는 선발되었다. 마셜 장학생으로 옥스퍼드대학에서 문학을 공부할 기회가 내게 주어졌다.

예일대의 마지막 학기를 마칠 무렵, 나는 미래의 남편을 만났다. 전형적인 뉴헤이븐의 추운 날, 나는 풀장을 몇 번 왕복한 뒤 물이 뚝뚝 떨어지는 젖은 머리로 페인 휘트니 체육관을 나와 씩씩하게 걷고 있었다. 요크가에 들어섰을 때 나와 이름이 같은 친구 지니가 카페 안에 앉아 있는 모습이 눈가에 살짝 비쳤다. 친구 여러 명이 지니와 함께 있었다. 우리는 유리창 너머로 말없이 손을 흔들었고 나는 서둘러 내 방으로 돌아왔다.

방에 들어온 지 몇 분 후 전화가 울렸다. 지니였다. 노아라는 친구가 카페에 같이 있다가 내가 걸어가는 것을 보았단다. 우리는 만났고 사랑에 푹 빠졌다. 그는 바이런의 환생 같았다. 노아는 우리가 같이 늙어가는 모습이 그려진다고 말했다. 마치 인간의 조화가 아닌 것처럼, 우리가 함께하게 된 것이 기적같이 느껴졌다. 처음부터 우리는 열정적으로 끊임없이 논쟁했다. 하지만 둘 다 아주 잘 맞는 연인들의 열정 표출이라고 생각했다. 청춘의 오만함 속에서 우리는 얼마나 심한 해를 끼치고 있던 것인지 미처 깨닫지 못했다.

옥스퍼드에서의 대학원 공부

나는 프랑스문학을 공부하기 위해 옥스퍼드대학의 현대언어학과에 등록했다. 그곳에서 나는 보들레르와 프루스트에 대한 저명한 학자인 말콤 보위(Malcolm Bowie) 교수를 지도교수로 모시는 엄청난 행운을 누렸다. 기품 있는 영혼의 소유자인 말콤은 나로서는 꿈도 꾸지 못할 만큼 해박했고, 글 솜씨 또한 매우 우아했다. 교수님 옆에만 있으면 무엇을 해야 할지 내 머리가 아득해졌다. 그래서 그를 안 지 1년 동안은 혀가 얼어붙은 듯 풀리지 않았다. 하지만 올 소울즈 칼리지(All Souls College, 옥스퍼드대를 구성하는 거주형 칼리지의 하나)에 위치한 햇빛 잘 드는 그의 연구실에서 교수님과 함께 19세기 프랑스 시를 공부하면서 나는 식민지 유산으로서 프랑스문학과 접목된 20세기 프랑스어 작품들에 관심을 돌렸다.

나는 오랫동안 널따란 회랑 아래 살았다,

바다의 태양은 수천의 불빛으로 그곳을 물들였고,

곧고 장엄한 큰 기둥들로

저녁이면 그곳이 마치 현무암 동굴 같았다.

물결은 하늘의 그림자를 바다 위에 떠돌게 하고,

그 풍부한 음악의 전능한 화음을

내 눈에 비치는 석양빛 속에

엄숙하고 신비롭게 섞어놓았다.

그곳이 바로 내가 살던 곳, 고요한 쾌락 속에서,

창공과 물결과 찬란한 빛 가운데서

온통 향기 배어 있는 발가벗은 노예들에 둘러싸여.

그들은 종려 잎으로 내 이마를 식혀주었고,

그들의 유일한 일은 내 마음 괴롭히는

고통스런 비밀을 깊숙이 파고드는 것이었다. [09]

  말콤은 내가 충분히 준비되었다며 나를 설득했다. 우리는 함께 프랑스령 카리브해 도서 출신 흑인 작가들의 탈식민주의 문학을 다루는 박사논문을 시작하기로 결정했다. 내 논문은 카리브인 작가들이 어떤 방식으로 19세기 프랑스문학의 전통에 관여했고 그 전통을 재해석하고 재창조했는지 탐구할 예정이었다. 그리고 과거와의 연계라는 문제를 재현하기 위해 경계 가로지르기와 비유, 그리고 트라우마, 즉 정신적 외상이라는 주제를 이용할 생각이었다. 나는 프랑스어권 카리브문학의 맥락 안에서 탈식민주의 이론과 정신분석, 해체주의의 관계를 발전시키고 정교화시킬 계획이었다.

지인들은 왜 '내'가 그 주제에 관심을 가지는지 묻곤 했다. 프랑스인도, 카리브인도, 아프리카인도 아닌, 식민주체도 아닌 내가, 한국계 미국인 학생인 내가 그 분야의 연구에 끌린 이유가 분명하지 않았기 때문이라고 짐작한다. 그런 질문을 받으면 나는 연구자의 지적 관심사가 그의 개인적 배경과 정체성, 그리고 경험에 의해 정당화되어야 한다는 생각 자체가 문제가 있다고 반론했다. 텍스트가 그 자체만으로, 연구자의 개인사와 관계없이 흥미를 끌 수는 없는가?

내 생각은 지금도 변함 없다. 그러나 나는 내가 지적 작업을 통해, 간접적이며 비유적인 방식으로 나 자신의 역사와 연관된 관계 및 연결을 살핀 것일 수도 있다는 것을 결국은 깨닫게 되었다. 유럽 식민주의에 대한 내 관심은 일본의 식민지였던 한국의 경험과 관련이 있을 수도 있다. 아프리카계 프랑스어권 작가들의 하이브리드적 언어실천 행위에 매료된 것은 내가 새로운 언어를 습득하는 과정에서 모국어와의 관계가 변화했던 경험과 관계되어 그랬을 수도 있다. 아프리카계 카리브인 작가들이 선보인, 고향과 원치 않은 집단이주, 탈출에 대한 문학적 표현에 내가 집착한 이유는 어린 시절 고향을 떴던 나의 경험과 북한을 탈출해야 했던 내 가족사와 관계가 있을 수도 있다.

옥스퍼드의 나날은 종종 황량했다. 학기가 진행되는 내내 여전히 시차에 굴복하는 것이 일상이었다. 햇빛이 잠시 반짝하는 아침을 놓치고 늦잠에서 깨어나 하루를 제대로 시작하려고 하면 하루 종일 차가운 가랑비가 내렸고, 오후에 접어들어 반나절쯤 지나면 주변이 어두워지기 시작했다. 내 기분은 옥스퍼드의 하늘처럼 음울한 상태였다. 옥스퍼드의 젊은 미국인들 사이에서는 너무나 흔한 현상이어서, 특수램프를 설치한 칼리지가 생길 정도였다. 저조한 기분에 시달리는 사람들이 램프 밑에 앉으면 일조량의 부족을 극복할 수 있도록 고안된 램프였다.

하지만 물론 내가 옥스퍼드의 건축물과 잔디밭과 목초지의 아름다움에 끌리지 않은 것은 아니다. 친구들과 대화하며 템스 강을 따라 오래된 교회와 묘지들을 지나치며 몇 시간을 산책하다가 선술집에서 송어와 맥주로 간단히 저녁 끼니를 해결하면 천국에 온 것 같았다. 보들리언 도서관 안에 위치한 멋진 듀크 험프리 열람실에서 아무 방해 없이 혼자서 책을 읽으며 수없이 보낸 날들도 마찬가지다. 희귀고서에 조용히 둘러싸여 있으면 신성한 장소에 있는 것처

옥스퍼드 워드햄 칼리지에서, 1995년.

럼 느껴졌다. 땅거미가 질 무렵이면 소속 칼리지의 하이테이블 디너(옥스퍼드 교수식당의 '하이테이블'에서 하는 식사로, 하이테이블에 앉을 수 있는 교수는 제한되어 있으며 보통 적절한 복장을 갖춰야 한다)에 가는 교수들이 긴 예복을 어깨 위로 훌쩍 넘겨 걸치고 자갈길 위를 달려가는 자전거 소리가 충족감을 안겨주었다.

말콤은 내가 연구의 덤불 속에서 길을 잃으면 나를 찾아내 살짝 방향을 잡아 주었다. 그는 구조가 필요한 시점을 항상 알고 있는 듯했다. 논문 작성에 대한 초조함 때문에 나는 끔찍한 불면증에 시달렸다. 내 논문이 내가 주제로 삼고 있는 문학작품의 수준에 도달할 길이 없다는 것을 알고 있기 때문이었으리라. 그게 논문의 목적도 아닌데 말이다. 잠을 잘 땐 너무나 명확하게 떠오르는 조리 있는 글의 구성을 잡기 위해, 나는 잠이 들 때마다 박사논문의 '해법'을 찾는 꿈을 반복하여 꾸었다. 하지만 잠이 깨면 완벽하게 공들여 완성한 문단들이 손가락 사이로 흩어져 사라졌다. 나는 글을 쓸 수 없었다.

매우 생산적인 학자였던 말콤은 매일 글을 썼다. 한 페이지 그리고 반. 하루에 단 1.5쪽. 절대 거르지 않기. 그 이상도 그 이하도 아니라고 그는 말했다. 이런 식으로 느리지만 확실하게, 한 번에 1.5쪽씩 작업하다 보면 한 달 후에는 예외 없이 한 챕터를 완성했고, 9개월 후에는 책을 한 권 냈다. 말콤은 내게도 논문을 매일 조금씩 쓰면 어떻겠느냐고 제안했다. 그런 식이면 글쓰기가 거대한 기대로 부풀려지기보다는 평범한 습관이 될 것이라고 했다. 당시에는 툭 하면 글길이 막혔기 때문에 그러한 충고가 별 소용 없었다. 나는 너무나 어렵게 글을 썼고, 아주 심하게 막힌 글길을 한번에 뚫어버릴 정도의 글발은 가끔 가다 터지곤 했다. 하지만 내가 학자의 길을 걷게 되면서, 안타깝게도 말콤은 이미 세상을 뜬 후였지만 그의 조언은 신이 내린 충고임이 증명됐다. 내 글길이 막힌 것은 일종의 무대 공포증 같은 증상이었다. 말콤 덕택에 나는 매일의 글쓰기가 무대에 서는 것과 마찬가지라는 것을 알게 되었다. 똑딱, 똑딱, 똑딱. 메트로놈을 켜 놓고 음악의 한 마디를 연습하는 것처럼, 또는 한 번에 캔버스의 작은 한 구역을 칠하는 것처럼.

내가 옥스퍼드에서 처음으로 사귄 친구들은 데브라와 에이미였다. 둘 다 나와 같은 마셜 장학생으로, 명민한 두뇌를 지닌 하버드 학부 졸업생이었다. 데브라는 과학사를 공부했고 에이미는 처음으로 경제학을 공부하고 있었다. 우리는 옥스퍼드 주변을 뛰어다니는 미국인 여자애 삼총사였다. 빼빼 마르고 열정이 넘치며 늘 흥분한 상태의 우리는 머리가 어질어질해질 정도로 미래를 향해 빠르게 돌진하고 있었다. 일주일마다 모여 같이 저녁식사를 하는 우리의 모임이 없었다면 어떻게 학교생활을 견뎌냈을지 모르겠다.

15년 후 데브라는 저명한 내분비과 의사이자 연구학자로 매사추세츠종합병원에서 일하면서 하버드의대 교수진에도 적을 두게 된

영국 옥스퍼드대 시절, 영국을 방문하신 부모님과 함께. 1996년.

다. 에이미는 MIT의 경제학 교수가 되었고 최근에는 미국에서 가장 유망하다고 판단되는 40대 미만 경제학자에게 수여되는 최고의 상인 클라크 메달 수상자가 되었다. 우리가 속한 전문 분야가 모두 다른데도 하버드와 MIT에 근무하게 됨으로써 같은 지역에 모이게 된 것은 참으로 재미있는 일이다. 이제 우리는 몇 킬로미터 반경 내에 살면서 주말에 자주 모인다. 누군가의 집 뒷마당에서 아이들이 함께 뛰어 노는 동안 우리는 먹고 즐긴다.

나의 친한 친구 미라는 라틴 시를 공부하는 한국계 미국인 고전학자였다. 미라는 요리 솜씨가 탁월하고 음식에 푹 빠져 있었다. 나는 거의 매일 밤 미라의 방에 놀러 가 그녀가 요리한 저녁을 맛보고 몇 시간 동안 수다를 떨었던 것 같다. 우리 사이에 이야기하지 못할 주제란 없었다. 미라는 유머감각이 뛰어나고 독립적이며, 하고픈 말은 숨기지 않고 하는, 상당히 독특한 사람이었다. 미라는 강한 소신을 가지고 있었고 결코 남에게 호락호락 밀리지 않았다. 강인하고 좋아하는 것과 좋아하지 않는 것 등 자기 생각을 정확히 파악하고 있다는 점 때문에 나는 미라에게 끌렸다. 미라는 자신의 연구에 관해서는 매우 진지했으며, 학문적 지식을 향한 끊임없는 허기를 채우는 것을 목표로 삼고 있다. 미라는 현재 고전학을 가르치는 종신교수다.

오늘날까지 친하게 지내는 벗으로는 버트와 마크를 빼놓을 수 없다. 우리는 옥스퍼드에서 처음 만났고, 중국계 미국인인 두 사람은 나와 비슷한 길을 걸었다. 마셜 장학생으로 경제학을 공부한 버트는 컬럼비아법대의 교수이고, 로즈 장학생으로 개발경제학을 공부한 마크는 하버드법대의 동료 교수다. 지난 16년 동안 우리는 긴밀한 관계를 맺고 세세하게 서로를 지원하고 도왔고, 인생과 연구의 각 단계를 함께 헤치며 차근차근 경력을 쌓았다. 우리는 서로를 전적으로 믿는다. 두 사람은 내게 가족과도 같다.

또한 나는 옥스퍼드에서 태권도를 배우기 시작했다. 고단수인 강사는 로즈 장학금을 받아 옥스퍼드에서 공부하던 미국인으로, 한국계가 아니었다. 그는 매우 역동적이고 카리스마가 넘쳐서 무예에 대해서는 생각조차 해보지 않았던 많은 이들이 그저 그가 이끄는 대로 따라가고자 할 정도였다. 옥스퍼드 체육관에서 마셜 장학생과 로즈 장학생들을 대상으로 일주일에 몇 번 제공되는 태권도 수업은 대단한 인기가 있었다. 부모님은 내가 영국까지 가서 백인인 유대계 미국인 로즈 장학생에게 태권도를 배우는 것이 웃기다고 생각했다. 나는 갈색띠까지 승급했다.

영국에 온 지 3년째 되는 해, 동생 지혜가 하버드 학부를 졸업하고 마셜 장학생이 되었다. 옥스퍼드로 온 동생은 내가 사는 곳에서 몇 구획 떨어진 곳에 살았다. 자매가 모두 마셜 장학생이 된 예는 우리가 처음인 것 같다.

옥스퍼드대 박사학위 수여식에서. 1999년.

상냥하게 나를 계속 자극해 준 말콤의 덕도 있었고 불완전한 논문을 점점 수용하는 태도를 지니게 된 탓인지, 나는 옥스퍼드의 도서관을 돌아다닌 지 3년 안에 논문을 완성했다. 몇 달 후 열린 구두논문최종심사를 통과했다. 말콤은 옥스퍼드대학 출판부에 내 논문 원고를 보냈고, 출판부에서 교수의 추천을 받아들여 출간이 결정되었다. 박사학위와 첫 번째 출판계약으로 무장한 채, 나는 미국으로 돌아오게 되었다.

하지만 문학 공부를 계속하는 동안 나는 공부를 편하게 느낀 적이 없었다. 글쓰기에 버둥질치던 나는 문학작품을 읽는 것은 기쁨을 주지만, 문학작품에 대해 쓰는 것은 기쁘지 않다는 것을 인정해야 했다. 문학자로서의 길을 계속 걷는다면 발에 맞지 않는 신발을 신은 것처럼 언제나 어색할 것이라는 생각이 들었다. 금욕적인 학자의 삶을 시도해 본 나는 그 삶이 요구하는 핵심사항인 '글쓰기'를 견딜 재간이 없다고 스스로 판단했다. 초조함을 덜 야기하는 분야에서 일을 하는 게 더 나을 것 같았다. 문학에 대해 글을 쓰는 것은 내가 해야 할 일이 아니라는 생각과 함께, 그 길에 계속 머문다면 억지로 일을 해야 할 것이라는 확신이 들었다. 객관적인 수치로 가늠할 수 있는 성공을 거두었음에도 나는 길을 잃은 기분이었다. 고작 스물여섯 살에 따낸 박사학위와 옥스퍼드 출판부와의 책 출판계약은 그리 나쁜 결과는 아니었다. 하지만 문학자의 길이 나에게 맞는 길로 느껴지지 않았다.

추상적인 글쓰기에서 잠시 손을 놓아야 할 것 같다고 느꼈다. 보들레르나 랭보의 문학을 더 훌륭하게 해석해 낸다 해도, 내가 일을 하면서 느끼기를 바라는 그 느낌을 맛보게 될 것이라는 확신이 없었다. 프루스트의 언어를 읽고 또 읽고 싶었지만 그에 대해서 쓰고 싶지는 않았다.

나는 창의적인 생각과 언어를 통해 인간과 사회에 실용적인 영향을 미칠 수 있는 분야에서 일하기를 갈망하고 있었다. 법대 진학이 해결책일 수도 있다는 생각이 들었다. 나는 현실적인 결과에 목말라 있었다. 내가 세계에 영향을 끼치고 있다는 느낌을 받을 수 있는 그런 일을 하고 싶었다. 법이 매력적인 일차적 이유는 법이 인간의 삶에 구체적인 영향을 미친다는 점이었다. 때로는 생사의 문제에 관여할 정도로 말이다.

어린 시절 내가 품었던 법조인의 이미지는 순전히 텔레비전과 소설에서 나온 것이었다. 부모님이 속한 모임에는 법조인이 없었고, 자라면서 알게 된 법조인도 없었다. 하지만 내가 예일대 학부에 재학중일 때, '해럴드 고'(한국명 고홍주)라는 이름이 신문에 자주 오르락내리락했다. 그는 1991년 아이티 쿠데타 후 폭력과 박해를 피해 피신한 아이티인들을 대변한 변호사였다. 미국 정부는 난민들을 관타나모 기지에 수용했다가 아이티로 돌려보냈다. 아이티로 돌아가면 죽을 목숨인 난민들이었다. 당시 예일대 법대 교수였던 해럴드 고는 법대 학생들과 함께 아이티 난민을 대표하여 연방법원에서 미국 정부를 상대로 소송을 걸었다. 해럴드 또한 나처럼 옥스퍼드에서 유학한 마셜 장학생이었는데 20년 선배였다. 나는 옥스퍼드에 있을 때, 연구 안식년을 맞아 옥스퍼드에 돌아온 그를 만난 적이 있다. 그가 군사쿠데타가 발생한 모국을 떠나 미국에 망명한 한국인 부부의 자녀라는 점에서 미국 법학자로서, 법조인으로서 그의 업적은 한층 더 영감을 주는 바가 있었다.

한편 노아의 부모님과 우리 부모님은 노아와 내가 결혼할지도 모른다는 가능성 때문에 상당히 속을 끓이고 있었다. 그의 부모님은 내가 유대인이 아니라는 것이, 우리 부모님은 그가 한인이 아니라는 것이 반대 이유였다. 양측의 이유는 간단했으며, 완벽하게 대칭을 이루고 있었다. 실제로 양가는 자신들이 속한 공동체와 정체성, 문화에 헌신적이라는 점에서 상당히 비슷했다. 각자의 가족 사이에서 눈물지으며 싸우는 몇 년의 아픈 기간이 뒤따랐고, 우리는 어쨌든 결혼하기로 결정했다. 우리는 너무나 깊이 사랑에 빠져 있었다. 처음에는 양가 가족이 결혼식에 올 것인지조차 분명하지 않았지만, 결국 그들은 모습을 드러냈다. 해럴드 고가 주례를 서 주기로 한 것이 상당히 큰 역할을 했다.

당시 해럴드 고는 국무부 인권담당 차관보로 재직중이었다. 훗날 그는 예일대 법대의 학장이 되었다가 국무부 법률고문직을 맡아 다

해럴드 고와 함께.

시 정부로 들어갔다. 해럴드의 '주례 말씀'은 결혼식 하객들을 모두 울렸다. 그는 매일 자신의 일에서 마주치는 모습이라며 국가와 민족, 종교집단 사이에 오랫동안 존재해 온 증오와 만행과 분열에 대해 이야기했다. 그 자리에 있던 하객들에게 해럴드는 순수한 사랑의 순간에 마주칠 때마다 그 사랑을 확인하고 축하해줘야 한다고 강조했다. 그는 그 자리의 모든 이로 하여금 신랑신부가 윗세대로부터 물려받은 경계선을 넘어서서 함께 떠나는 이 여행을 지지하겠다는 약속을 하게 했다.

열정과 흥분으로 가득했던
하버드법대

1999년 가을 나는 하버드법대에 입학했다. 첫날부터 나는 법에 완전히 빠졌다. 강의실에 있으면 흥분으로 몸이 짜릿짜릿했다. 수업을 위해 교과서를 미리 읽고 싶어 안달이 났다. 수업에서 무슨 일이 생길까 기다릴 수가 없었다. 수업 시간에 발언을 하려고 적극적으로 나서는 나 자신을 발견했다. 나에게 무슨 일이 일어나는 걸까? 난 깊숙이 들어와버렸고 넋이 나갔고 다시 돌아나갈 문은 닫혔다. 나는 노골적으로 법대를 사랑했고, 완전히 몰입했다.

지적인 측면에서 볼 때 법학 공부는 다소 예상하지 못했던 방향으로 나와 맞았다. 왜 내가 법학 공부를 그리 선뜻 선택했는지는 분명하지 않다. 나는 타고난 본성이 법학에 맞는 사람은 아니다. 자라면서 법조인을 만난 적도 없고, 법대에 진학하기 전에 법적인 사고방식을 접해 본 적도 거의 없었다. 다만 예술과 문학에 깊이 빠져 있었던 나는 법의 복잡한 자료분석적이고 수행적인 성격을 제대로 인식하고 즐길 뿐 아니라, 법의 언어에 존재하는 다양한 제약과 규칙을 즐길 수 있는 밑바탕을 갖추고 있었다. 즉, 나는 문학 연구를 통해 텍스트 독해의 기술을 연마했던 것이다. 참으로 기쁘게도, 법대 1년생들은 법률 텍스트의 독해에 집중할 것이 요구되었다. 단어의 형성을 분석하여 문서에 깃든 의미와 결과, 문장의 명확성과 다중성, 이전 텍스트와 생각과의 관계 그리고 단절 등을 분석하는 데 힘을 쏟아야 했다.

나는 이제 해석을 기다리는 방대한 새 자료를 입수했다. 그것은 새로운 언어였다. 더 중요한 것은 인간의 삶에서 법이 건드리지 않는 영역이 없다는 점이었다. 인간 행위 중에 법과 관련되지 않는 분야는 없다. 법은 그 나름대로의 비밀스런 독자적 분야들이 있다. 그러면서도 법은 일상문화 속에도 깊게 스며들어 있다. 또한 법은 인문학을 공부하는 학생에게 친숙한 발상과 해석의 방법론들과 밀접하게 공명하고 있었다. 그것은 '유레카'의 순간이었다. 드디어 내가 할 일을 찾았구나, 하는 생각이 들었다.

법대 수업은 정말 흥미진진했다. 140명의 동료 학생들과 함께 내가 앉아 있는 오스틴 홀의 커다란 강의실에서, 미국의 법학교육이 생생하게 전개되고 있었다. 우리는 교수를 둘러싸고 지정된 좌석에 반원형으로 앉았다. 교수가 한 번에 한 명씩 학생을 지명하여 질문하면, 강의실에 있는 모든 학생들 앞에서 일련의 문답교환이 시작되었다. 모두의 시선 앞에 노출될 수밖에 없다. 광적인 흥분으로 머리가 찌릿찌릿했고 내 심장은 쿵쾅쿵쾅 뛰었다. 공포와 열망이 반반씩 섞인 반응이었으리라.

하버드법대의 수업에서, 나는 매일 손을 들고 발언을 했다. 동료 학생들 앞에서 틀릴까봐 두렵거나 거북한 느낌이 들면 나는 억지로라도 손을 들었다. 점차 내 목소리에 자신감이 차오르는 것을 느꼈다. 나로 하여금 겁 먹고 껍질 속으로 뒷걸음질 치게 만들 수도 있는 상황이 정반대의 효과를 냈다. 나는 활짝 피어나는 것의 감각을 느꼈다. 어째서였을까? 갖가지 의식과 혹독함, 예의, 전통, 그리고 진중함이 펼쳐지고 존재하는 법대 강의실이 마치 연극 무대 같았기 때문이라고 나는 짐작했다. 기묘하게도 나는 고향에 온 듯한 편안함을 느꼈다.

한 어린아이가 떠올랐다. 언어를 이해하지 못하고 교실에서 완전히 고립되어 참여하지 못하던 어린아이가 생각났다. 입을 열고 어른들의 말과 생각에 도전했을 때 부모님의 꾸지람을 받은 것이 생각났다. 내 침묵에 어리둥절해 하던 학교 선생님들이 생각났다. 재창조와 재생은 가능했다. 내게 있어 이는 법대 강의실에서 일어났다. 생전 처음으로, 나는 지적인 측면에서 진심으로 살아 있었으며 내 상태가 편안하게 느껴졌다.

내 법대 스승들은 전설적인 인물들이다. 지금 현재 내가 그분들의 동료로 교수진에 있다는 사실은 나로서는 정말 대단한 영광이다. 불법행위법을 가르치는 모튼 호르위츠Morton Horwitz 교수는 미국 법학사에서 가장 획기적인 서적들을 저술한 60세의 걸출한 지성이었다. 첫 학기가 시작되고 6주쯤 지났을 때, 나는 그 과목에 대한 질문을 하기 위해 연구실 시간에 맞춰 교수님과 면담 약속을 잡았다. 내가 교수님 맞은편에 앉자마자 교수님은 내가 언젠가 법학교수가 될 것이라며, 나를 도와주겠다고 말씀하셨다. 나는 깜짝 놀랐다. 교수님은 내게 연구조교가 되어달라고 청했고, 나는 바로 받아들였다.

나란 학생을 수업에서 알게 된 지 단지 몇 주밖에 지나지 않은 상황에서, 교수님은 모험을 한 것이다. 나는 교수님을 실망시킬까봐 매우 두려웠다. 좋은 인상을 남기고픈 생각에 그분의 수업에서 좋은 성적을 거두는 데 지나칠 정도로 집착했다. 결국 나는 기말고사 전날 밤 크게 앓았다. 나는 그게 정신적인 이유에서 기인했다고 확신한다. 시험 결과는 매우 한심했다. 첫 학기에 수강한 모든 과목 중에서 제일 나빴다.

호르위츠 교수님은 연구실로 나를 불렀다. 이게 웬일이냐고 그가 물었다. 엉망진창이 된 듯한 기분이 다시 들었다. 교수님은 시험 성적이 내 능력을 반영하지 않는다는 것을 알고 있다며 계속 같이 일을 하자고 말씀하셨다. 그의 상냥함이 내 마음을 울렸다. 나는 나 자신이 교수님에게 '발견되었다'고 생각한다. 그가 먼저 나서서 내가 교수가 될 것이라고 말해 주지 않았다면, 교수로서의 내 미래를 나 혼자 깨달을 수 있었을지 확신이 없다. 모티(모튼의 애칭)는 이제는 아주 좋은 친구다. 우리는 종종 함께 실내악 연주를 들으러 보스턴에 간다.

 1학년 때 나는 또한 라니 기니어^{Lani Guinier} 교수의 연구조교직에 지원했다. 그 무렵 교수진에 갓 들어온 기니어 교수는 소수인종 여성으로는 처음으로 하버드법대 종신교수에 임명된 경우였다. 내가 학부에 재학중일 때 기니어 교수는 미국인들의 입에 오르락내리락 하는 인물이 되었다. 클린턴 대통령이 인권담당 법무부 차관보로 그녀를 지명했다가 교수의 시각을 비꼬는 정치 공세에 눌려 지명을 철회했기 때문이다. 나는 교수님의 회고록『모두 목소리를 드높이라^{Lift Every Voice}』를 읽고 교수님의 인생사에 대해 알고 있었다. 연구조교직에 지원하기 위해 교수님을 만났을 때 나는 "나도 퀸즈에서 자랐어요!"라고 말했다. 나는 조교직을 얻었고 우리는 긴밀한 관계를 맺고 함께 일했다. 한 번 만나면 몇 시간을 함께할 때도 종종 있었다. 교수님은 가르침과 생각의 교환이 학생과 스승 간에 어떻게 양방향으로 일어날 수 있는지의 모범을 보이며 나를 가르쳤다. 그

너는 정말이지 탁월한 조언자였다. 지금도 우리는 법과 인생에 대해서 몇 시간씩 이야기하곤 한다.

1학년의 마지막은 《하버드법률평론지The Harvard Law Review》 경쟁으로 마감했다. 1887년으로 그 역사가 거슬러 올라가는 유서 깊은 《하버드법률평론지》의 편집자를 선발하기 위해 혹독한 7일간의 과정을 통해 560명의 학생 중 약 40명의 정예를 추려내는 대회였다. 대회 참가자들은 1주일 동안 대법원 판례에 대한 논문을 하나 쓰고 다른 논문 하나를 편집해야 하는 고된 선발 절차를 거쳐야 했다. 하버드법대 1년생이라는 마라톤을 마치고 바로 또 다른 마라톤을 뛰는 것과 같은 느낌이었다. 나는 경쟁자들을 제치고 《하버드법률평론지》의 편집자가 되었다. 《하버드법률평론지》의 일원이 되었다는 사실 중 가장 근사한 일은, 《하버드법률평론지》에서 가깝게 일한 이들 동료들이 나의 아주 좋은 친구들이 되었다는 것이었다.

내 아킬레스건은 시험이었다. 수업은 너무 좋았다. 새롭게 사고하는 방식을 익히며 내 정신은 매일 활짝 피어났다. 하지만 법대에서의 시험은 견딜 수가 없었다. 내가 얼마나 법학을 많이, 깊게 배웠는지에 대한 감각을 시험은 반영하지 못했다. 나는 마지막까지도 시험을 잘 치르게 되지는 않았다(사람의 인생이 지정한 시간 내에 치러지고 학생의 이름도 모른 채 채점되는, 영혼 없고 이름 없는 경연이 아니라는 것은 얼마나 다행인가).

법대 2학년이 되었다. 나는 시험 때문에 공황상태에 빠졌다. 나는 잘 준비했다고 생각했다. 그랬건만 실제 시험은 당황해서 엉망으로 치러버렸다. 나는 시험을 망쳤다고 확신했다. 낙제점이나 낙제에 가까운 점수가 나올 것에 대비해 정신적 무장을 했다. 그리고 법학 외의 삶의 다른 길을 찾기 위한 계획을 세우기 시작했다. 그런 대참사 후에 법대 마지막 해인 3학년을 제대로 마칠 수 있으리라고는 생각하지 않았다. 나는 숨을 깊이 들이쉬고 나쁜 소식을 기다렸다. 성적표 봉투가 도착했을 때, 나는 포기한 자의 차분함으로 봉투를 열었다. A와 A⁻. 나는 성적표를 다시 쳐다보고 눈을 깜박였다. 이게 어떻게 가능하지? 이번에도 역시 나를 돌보는 수호천사가 있었다. 법대를 떠날 필요가 없어졌다.

하지만 나는 거의 대참사가 될 뻔했던 성적을 마음속에 깊이 새겼다. 나를 거의 기절시켰던 그 두 시험과목을 가르쳤던 선생님들은 절친한 나의 멘토, 즉 조언자가 되었다. 그분들을 향한 나의 깊은 감사의 염은, 예상을 뒤엎고 낙제점을 받지 않은 것에 대한 놀라움의 감정과 여전히 섞여 있다. 그중 한 과목인 가족법, 현재 내가 하버드에서 가르치고 있는 이 과목을 가르쳤던 재닛 핼리Janet Halley 교수는 내게 끊임없이 영감을 주는 샘과 같은 분이다. 선생님은 언제나 기쁨과 독창성에 가득 찬 지성적인 삶을 새롭게 창조하고 다시 만들어낸다. 내게도 그러셨듯이 선생님은 자신의 학생들에게 늘 아낌없이 베푼다.

두려워 말고
매일 꾸준히 글을 쓰라

글쓰기와의 갈등은 점점 잦아들고 있었다. 글길이 막히다기보다는 지속적인 더듬거림에 더 가까워졌다고나 할까. 글을 쓰는 데 점점 힘이 덜 들었다. 문학이 아니라 법에 대한 글쓰기였기 때문이 아닐까 짐작한다. 내게 문학 연구는 태양을 똑바로 쳐다보는 것과 같았다. 약간 옆으로 시선을 돌리니 좀 나아졌다. 나는 법학 텍스트에는 기가 눌리지 않았다. 법학 글쓰기가 지향하는 단도직입적 태도와 정확성, 명확성이 매력적으로 다가왔다. 문학 관련 글쓰기에서 경험한 말문이 막히는 현상과 자기의심, 내면을 좀먹는 갈등에서 벗어날 수 있었다. 법학 글쓰기는 예술이라기보다는 공예에 가까웠고, 장엄하다기보다는 우아했다. 하지만 법률 연구에 불가사의한 면이 없거나 호기심을 돋우는 측면이 부족한 건 절대 아니었다. 법률 연구는 매혹적이었다. 나는 그게 내게 맞는다는 것을 알았다. 내가 법률 연구에 필요한 기술, 규율과 헌신을 익힌 방식은 SAB 학생 시절의 마음자세와 동일했다. 나의 자신감은 점차 커졌다.

넓게 보면, 나의 문학박사 시절 연구는 집(고향)과 유랑의 표현에 집중되어 있었다. 법대생으로서 나는 집의 개념에 대해 계속 생각했지만, 그것은 다른 측면에서였다. 나는 법률이 개념적으로 공^{public}과 사^{private}를 분리하는 방법에 관심이 갔다. 그리고 이러한 추상적 구분이 현실화된 것이, 공적 영역인 거리에서의 행동과 비교하여 집이라는 사적 공간에서의 행동을 법률이 취급하는 방식이었다. 나는 법대 3학년 때 저명한 형법학자 빌 스턴츠$^{Bill\ Stuntz}$에게 찾아가 형법의 자기방어 개념에서 집이 가지는 의미에 대한 리포트를 쓸 예정이니 지도해 달라고 부탁했다. 당시에는 미처 깨닫지 못했지만, 그 리포트는 훗날 내가 '집'의 법적인 의미에 대해 쓰게 된 책의 씨앗이 되었다.

빌은 내가 당신처럼 학자의 삶을 살기 원한다는 것을 알았다. 어느 날 나의 불안함을 눈치 챈 그는 내 리포트에 대한 논의를 잠시 멈추고 간결하게 말했다. "지니는 학자로서 훌륭한 경력을 쌓게 될 거야." 빌은 상냥하고 자신을 농담거리로 삼을 줄 아는 사람으로, 항상 자신의 중요도는 낮추고 다른 이들에게 지원과 격려를 아끼지 않았다. 그의 황당할 정도의, 그러나 진지한 검손의 예는 이렇다. 그는 내가 이룬 성취를 보면 나의 교수로서 자신이 이제껏 한 일이 별 볼일 없어 보인다고 했다. 그는 내 시간을 빼앗아 미안하다고 사과하기 일쑤였다. 그의 피드백을 받기 위해 내가 면담을 부탁했을 때조차도 말이다.

나는 연구와 글쓰기 작업에 대해 빌이 내게 준 조언을 내 글쓰기의 원칙으로 삼고, 내 학생들에게도 요구하고 있다. 말콤이 옥스퍼드에서 말한 것과 비슷한 내용이었다. 즉, 과하게 높은 기대를 품지 말고 규칙적으로 글을 쓸 것. 주제에 대해 다 알지 못하더라도 글을 쓰기 시작할 것. 확신이 서지 않는 단어라도 일단 써 보고, 내용에 대해 더 알게 되면 완전히 다시 쓸 것. 쓰고, 연구하고, 읽고 다시 쓸 것. 이 과정을 반복할 것.

글쓰기는 배움의 한 방법이지, 학습을 마친 마지막 단계에 하는 것이 아니었다. 빌의 충고를 마음에 품자 괴로운 저자로서의 내 경험은 곧 끝났다. 이는 글쓰기에 박차를 가해 줄 성스런 영감을 바라거나, 혹은 박식함의 완전한 성취를 글쓰기의 전제 조건으로 설정하는 것을 접는 것을 뜻했다. 글을 쓰겠다는 시도는 감히 모든 것을 안다는 주장이 아니었다. 글을 쓴다는 것은 한 번에 조금씩 배운다는 불완전한 과정을 겸손하게 인정하는 것일 수도 있었다. 빌은 내가 글쓰기의 부담을 덜 느끼도록 도와주었다.

그 무렵 이유 모를 만성적 허리통증이 빌의 삶을 뒤흔들었다. 이후 지난 10년 동안 빌이 시달린 이 통증은 그가 깨어 있는 매순간마다 빌을 괴롭혔다. 목 보정기와 지팡이가 연구실에 널려 있었고 결국은 휠체어까지 등장하고 말았다. 그가 한때 쓴 글에 의하면, 만성통증을 지니고 사는 것은 볼륨을 한껏 높인 자명종 시계를 귀에 테이프로 고정시키고 볼륨을 낮출 수 없게 해 놓은 것과 마찬가지였다. 도망칠 수도 없어. 통증은 사람을 따라가 머무르니까 말이야, 라고도 했다. 통증에 시달리는 와중에도 빌은 나를 포함한 여러 학생들에게 너무나 많은 것을 베풀었고, 형법학에서 가장 중요하고 영향력이 있는 연구 결과를 내놓았다. 그의 업적은 다음 세대의 학자들을 위해 그 분야의 나아갈 방향을 설정했다.

하버드법대를 졸업하던 날, 나의 스승 라니 기니어가 우리 기수가 선정한 '올해의 스승' 상을 받았다. 그 순간을 선생님과 함께 나눌 수 있다는 것이 너무나 뿌듯했다. 나는 선생님이 되고 싶다는 소망을 그 시점에는 확실히 깨닫고 있었다. 무엇이 우리를 인간으로 만드는가. 그리고 사회의 질서를 어떠한 방식으로 확립할 것인가. 잠에서 깨어나 이 두 질문의 관계에 대한 중차대한 고찰과 마주하게 될 법대생들과 같이 일하고 싶었다. 기니어 교수는 내 귀에 속삭였다. 멀지 않은 장래에 내가 당신의 동료가 되는 모습을 보고 싶다고 했다.

진짜 현실과 법의 세계로

나는 워싱턴 D. C. 연방순회항소법원의 해리 T. 에드워즈Harry T. Edwards 판사의 법률서기로 근무했다. 그 해는 내 정신자세와 일하는 습관이 처음으로 진실로 견고해진 해였다. 법률서기가 할 일은 판사가 주재할 사건들에 대한 변론보고서memorandum를 작성하여 설명하고, 판사가 내릴 판결을 위해 연구하고, 초안을 잡고 편집하는 등 판사를 돕는 것이었다. 에드워즈 판사는 당신이 결과물에 대한 매우 높은 기준을 가지고 있으며, 서기에게도 똑같은 수준을 기대한다는 점을 명확히 했다. 그는 또한 이런 일의 수행이 배움의 과정이라고 설명했다.

매일 계속되는 도전을 통해 판사의 기대를 충족시키며 신뢰를 얻고, 법정에서 내려지는 그의 판결이 흠잡을 데 없는 우수한 판결임을 보증하기 위해 그를 보조하는 것은 내가 그때까지 겪은 가장 뿌듯한 교육 경험의 하나였다. 에드워즈 판사는 진정한 전문인으로 거듭나게 하기 위해 젊은이들을 가르치는 일에 지극한 정성을 쏟는 명장이었고, 내게는 그의 도제로 일한 한 해였다. 에드워즈 판사는 친밀한 조언자가 되었다. 그리고 이후 나의 가장 절친한 벗 중 한 명이 되었다. 그가 매일 보여준 모범적인 모습은 내게 영원한 인상을 남겼다. 만약 내가 일에 대해 찬사를 받는다면, 그 찬사는 모두 그에게 돌려야 할 것이다. 내가 상사로 모셨던 그 해 이후, 내 인생과 경력의 갈림길에 설 때마다 나를 돌보고 베풀기 위해 그가 쏟은 노력을 생각하면 지금도 가슴이 벅차다. 에드워즈 판사를 위해서라면 나는 기차 앞에 몸을 던질 수도 있을 것이다.

나의 직장운은 계속 이어졌다. 이듬해 나는 당시 미국 대법원 데이비드 수터$^{David Souter}$ 대법관의 법률서기로 일하게 되었다. 대법원 서기직은 법대를 갓 졸업한 사람들에게는 의심할 바 없이 가장 화려한 직장이라고 할 수 있다. 그 대리석 궁전 안에서의 1년. 법대를 졸업한 지 1년밖에 안 되는 35명의 젊은 법률서기 중 한 명으로서 대법원의 업무에 긴밀하게 얽히는 것은 황홀하다고밖에 표현할 수 없는 경험이었다. 그 해 회기에 대법원은 중요한 유명 사건을 몇 건 다뤘는데, 9/11 테러 후 테러 용의자 수감의 합헌성을 묻는 9/11 테러 관련 초기 소송도 몇 건 포함되어 있었다. 그리고 '신의 가호

미국연방대법원 앞에서 법률서기관들과 함께. 워싱턴 D.C. 2004년.

아래'라는 구절이 포함된 국기에 대한 맹세를 공립학교에서 낭독하게 하는 것은 헌법에 위배된다고 주장한 한 아버지의 사건도 있었다. 그 해처럼 무자비할 정도로 하루하루가 급박하게 돌아가고 사건의 중요도가 컸던 해는 다시 없지 않을까, 생각한다.

    매일 눈이 부시게 하얀 대법원 계단을 걸어 올라가며 나는 인생에 한 번 맛볼까 말까 하는, 이 멋진 경험의 무게를 느꼈다. 나는 수터 대법관의 법정에서 보내는 매순간을 철저히 음미했다. 그의 법리적 사고에 깃든 절제된 우아함은 그의 공감하는 능력, 뛰어난 문학적 스타일과 조화를 이루었다. 이는 주위 사람들로 하여금 겸허함과 위대함을 향한 갈망을, 인간과 사회를 위대하게 만들 수 있는 제도와 전통을 세워야 한다는 의무감과 희생정신을 키우게 했다. 내 판단이 옳은지 확인하고 싶을 때 자주 나는 수터 대법관이라면 어떻게 생각하고 행동할 것인가 자문한다. 그가 보인 진실성과 미덕의 모범은 밤의 여행을 떠나기 위해 밝힌 횃불처럼 빛난다.

    대법원 서기 일이 끝났을 때 나는 법률제도의 다른 영역에 대해서 알고 싶은 욕구를 강렬하게 느꼈다. 하버드에서의 추상적 법률 연구나 내가 일했던 연방상급법원들의 고고하다 못해 희박한 공기와는 거리가 먼, 거칠게 움직이는 지역 형법 집행의 생생한 현실세계를 직접 경험해 보고 싶었다. 대법원에서 법이란, 근본적으로 언어였다. 세련되고 고도로 정제된 법리에 초점을 맞춰 의견서^{brief}와

판결문에서 펼쳐지는 생각이자 서면으로 된 말이었다. 나는 그런 법을 사랑했다. 하지만 이제 나는 공권력 행사의 다른 측면에 대해 허기를 느끼고 있었다.

왜 나는 형법과 형사법원에 끌렸던 것일까? 다소 엉뚱하게 들릴 수 있겠지만 언어의 본성, 그리고 단어와 해석이 의미를 생산하는 방법에 대한 내 집착 때문이라고 나는 믿는다. 나는 말 그대로 새로운 언어의 습득에서 시작하여 문학 언어의 연구로 옮겨 갔고, 마지막에는 법률 언어에 안착했다. 법률이론가인 로버트 커버는 문학 언어와 법률 언어 사이에 존재하는 기본적이고 확연한 차이에 대해 다음의 유명한 말로 우리의 관심을 이끈다. "법률 해석은 고통과 죽음의 분야에서 일어난다. 법률 해석 행위는 타인에 대한 폭력의 행사를 예고하며, 그 폭력을 유발한다. 판사는 '법'의 텍스트를 소화하여 판결문으로 만들며 그 결과 누군가는 자유와 재산, 자녀들, 심지어는 본인의 생명까지 잃는다."

법률 언어가 가지는 이러한 성격이 바로 내가 법조인이 된 이유다. 언어가 단지 무언가를 묘사하는 데 그치지 않고 실제로 무언가를 '한다'는 점에서 법률은 철학자 J. L. 오스틴이 말했듯이 '수행적 performative'이다. 그리고 무언가를 '하기' 위해서는 공권력이 강제하는 폭력의 위협이 요구된다. 실제로는 폭력이 사용되지 않더라도 말이다. 나는 일상적인 공권력 집행 업무를 해 보고 싶었다. 단지

데이비드 수터 대법관과 함께.

문서화된 법령이나 판결을 통해서가 아닌, 실제 경험을 통해서 의인화한 국가 폭력으로서의 공권력을 한 인간이 휘두르는 것의 의미를 이해하고 싶었다.

맨해튼검찰청의 신임 검사로서 기소사실 인부절차arraignment를 밟기 위해 형사법정에 나온 첫날, 나는 바로 그 경험을 했다. 마약류 소지 혐의로 체포되어 인부절차를 밟게 된 남자는 교도소에 가고 싶어 하지 않았다. 나는 판사에게 보석 청구금액bail을 정해 달라고 요청했고, 판사는 그렇게 했다. 그 남자는 정해진 보석금을 낼 수 있는 형편이 명백히 아니었다. 교도소에 가야 할 시점이었다. 그는 나를 향해 몸을 날렸다. 내 앞의 단상이 넘어졌다.

정신을 추스르고 보니 6명의 경찰이 나타나 맹렬한 기세로 피의자와 몸싸움을 하고 있었다. 경찰은 봉과 권총을 빼 들었고 고추 스프레이가 법정 안에 난사되는 등, 모든 것이 당황스럽고 혼란스러운 상황이었다. 수갑이 채워진 남자 1명을 제압하는 데 6명이나 되는 경찰관이 상당한 물리력을 동원해야 했고 시간이 오래 소요되었다는 사실에 나는 깊은 인상을 받았다. 자유의 박탈에 온몸으로 저항하기로 결심한 남자의 힘은 놀라운 것이었다. 격투가 끝난 후 사람들은 모두 법정 내 자기 자리로 돌아갔다. 소란 때문에 멈췄던 순간으로 되돌아가 질서정연한 과정을 계속 밟기 시작했다. 피의자가 법정에서 피운 소란 때문에 이미 높았던 보석금의 금액은 더 높아졌고, 그는 다른 사람들처럼 교도소로 끌려갔다.

　처리해야 할 경범죄가 수백 건인 새내기 검사로서, 나는 과장 없이 내가 지상의 최상급 법정에서 가장 낮은 법정으로 떨어졌다는 느낌을 받았다. 대법원이 맡은 호화롭고 추상적인 일에서 모든 사건의 모든 논쟁은 진귀한 보석처럼 광내고 다듬어진 것이다. 반면 지역 형사법원 사건의 논쟁은 그때 그때의 상황에 맞춰 급박하게 제기될 수밖에 없으며, 형법 제도를 차지하고 있는 실제 인간들, 즉 경찰, 피의자, 피해자, 증인, 변호사, 법정 경위, 보석 보증업자, 법원 속기사, 그리고 재판관들과의 지저분하고 거칠고 불완전한 만남이었다. 나 같은 새내기 검사들은 가정폭력이나 노상 범죄, 마약 범죄, 풍속 범죄를 다뤘다. 우리는 피의자에게 미란다원칙을 고지하고 그들을 심문하며, 경찰들의 이야기를 듣고, 증언 확보를 위해 피해자를 추적하고 사전형량 조정$^{plea\ bargain}$을 했다.

　내가 공소를 제기한 피의자들은 절도나 매춘, 노상 범죄, 마약소지와 판매, 사기, 위조품 제조 판매, 협박, 아동학대, 또는 가정폭력 혐의자들이었다. 이러한 범죄와 그 결과는 단순히 말에 그치지 않았다. 체포와 공소, 유죄판결과 징벌 또한 실제의 인간에게 영향을 끼쳤다. 피의자가 저지른 범죄가 마찬가지로 그랬듯이. 깡통수프 절도나, 매춘, 아이를 때린 혐의를 받은 이들은 형사피고인이었다. 그리고 형법 제도의 무게가 그들을 내리누를 때, 그들 또한 눈물을 흘리는 인간이고 그들을 위해 울어 주는 가족들이 있는 인간이었다.

내가 맡아 처리하고 관찰했던 가정폭력 사건들을 통해서, 나는 독특하게 발전중인 법 체제^{legal regime}를 생생하게 들여다볼 기회를 가졌다. '법여성주의^{legal feminism}'라고 하여 1970년대 이후 법에 혁신적인 영향을 끼쳐온, 잘 빚어진 사회이론에 맞춰 공권력을 행사하고 있는 법 체제가 그것이었다. 나는 법여성주의라는 사회운동이 법률과 법률문화에 끼친 영향을 의도된 바와 의도되지 않은 바를 모두 포함해 이해하고 싶었다. 가정폭력과 관련된 일상적 단속의 경우, 형법이 폭력행위를 징벌한다는 전통적 목표에서 집안 내에서의 사적인 권리와 관계에 대해 공권력을 행사하는 방향으로 변화하고 있음을 보았다.

이러한 경험을 겪은 후 나는 가정폭력 법률을 통한 '집'에 대한 국가의 통제 증가가 어떤 영향을 끼치는지 탐구하는 논문을 써야겠다는 생각을 하게 되었다.

나는 스턴츠 교수의 하버드 연구실을 방문해, 내가 쓰려는 논문에 대한 우려를 나누었다. 논쟁을 일으킬 만한 주제인데다가 가정폭력에 대항해 싸우는 여권활동가들을 잘못된 방향으로 자극할지도 모른다는 생각이 들었던 것이다. 교수님은 나를 보더니 두려워

하지 말라고 말했다. 다른 이들은 예상하지 못하는 것을 알아채는 본능과 놀라운 관찰력을 가지고 있는 내가 행운아이며, 그것을 억누르기보다는 발전시키는 것이 중요하다고 했다.

하버드법대 교수직 지원

논문 진도를 나가고 있으면서, 나는 2005년 가을학기를 목표로 법대 교수직에 지원할 계획을 세웠다. 나는 임신을 한 상태였고 내 임신 상황이 좋지는 않았다. 거의 매순간 고통을 느꼈다. 일어서거나 거리를 걸을 때 졸도해 쓰러질 것 같다는 느낌을 받지 않은 적이 없었다. 생명에 지장이 있는 것은 아니었지만, 임신으로 유발된 건강문제에 시달리느라 스트레스를 많이 받았고, 몸이 불편했으며 여러 모로 힘들었다. 나는 이미 임신 초기에 유산을 겪은 적이 있었다. 엄청나게 충격적이지는 않았지만 걱정스럽기는 했다. 나는 단기휴가를 얻어 검사 일을 잠시 쉬며, 출산까지 남은 몇 달 동안 건강을 돌보기 위해 집에 머물렀다.

나는 책상 앞에 앉아 매일 일을 했다. 배가 불러 왔고 훗날 법대 교원면접의 기초가 될 논문이 형태를 갖추기 시작했다. 교원면접에서 지원자들은 교수진에게 자신의 연구를 제시하고 교수진의 질문에 답을 하게 된다. 내가 지원할 법대에서도 그러한 프레젠테이션을 하게 될 것이었다. 교원면접용 논문은 학자의 경력을 간략하지만 한 번에 보여주는 가장 중요한 자료의 하나로, 지원자의 본질적 특징을 드러내는 역할을 한다. 뱃속에 있는 아기의 움직임과 발차기를 느낄 무렵에는 논문이 상당히 진척되었다. 가을에 교직에 지원하기 위해서는 늦여름으로 예정된 출산 전에 논문을 마쳐야 했다.

출산 예정일이 두어 주 앞으로 다가왔다. 며칠 후면 교원면접 논문을 완성할 수 있었다. 키보드를 치고 있는 도중에 노트북 컴퓨터에서 희미하게 똑딱, 하는 소리가 나더니 컴퓨터가 꺼져버렸다. 그리고 다시 켜지지 않았다! 나는 부주의하게도 파일을 백업해 놓지 않았다. 6개월 동안 한 일이 그냥 사라졌다는 말인가? 컴퓨터 전문가의 도움을 받아 파일을 복구하려는 노력도 허사였다. 아무것도 불러낼 수 없다고 했다. 더 이상 할 수 있는 건 없었다. 내 논문은 사라졌다. 자취를 감춘 것이었다, 그저 이렇게 허무하게. 교직에 지원할 수 없게 되었다. 그야말로 대참사였다. 컴퓨터에 저장된 파일의 백업을 게을리한 나 자신을 원망할 수밖에 없었다.

내 아들 재민은 42시간의 매우 고된 진통 끝에 태어났다. 세상에 나온 내 아들은 내 눈을 똑바로 바라보더니 눈을 두 번 깜박거렸다. 나는 바로 아들에게 푹 빠져버렸다. 아기의 이름은 '있을 재在'자와 '하늘 민旻'자를 써서 지었다. 이름의 뜻을 묻는 이들에게 나는 '하늘에 있는 존재'라는 뜻이라고 설명했다. 아들의 한국식 이름은 영어나 히브리어로도 아름다운 이름이었는데, 재민Jaemin의 히브리어 발음은 '오른손'을 뜻하는 '야민Yamin'이었다. 이 이름은 유대식 전통에 따라 제임스라는 친증조할아버지의 이름에서 따온 것이기도 했다. 또한 친고조할아버지의 이름인 '데이비드'를 재민의 중간이름으로 땄다.

출산 후 나는 육체적, 정신적으로 모두 기진맥진한 상태였다. 마라톤을 다 뛴 후 트럭에 받힌 것 같은 기분이 들었다. 몸을 제대로 일으킬 수도 없었고 아주 작은 결정이라도 하려 치면 눈물부터 터지곤 했다. 아기를 돌봐 주기 위해 어머니가 왔다. 어머니는 무엇을 해야 하고 무엇은 하면 안 되는지 너무나 많은 의견을 가지고 있었다. 어머니는 내가 물려서 도저히 못 먹을 때까지 끼니 때마다 미역국을 먹어야 한다고 주장했다.

나는 아기에게 젖을 물리고 싶었다. 어머니는 그런 일은 가능하지도 않으니 시도조차 말라고 단호하게 말했다. 어머니도 1970년대 서울에 살 때 모유수유를 하지 않은 데다, 우리 집안의 여성은 젖이 충분하지 않다고 했다. 이 문제로 우리는 꽤 다퉜다. 하지만 나는 아랑곳 않고 아기에게 7개월 동안 젖을 먹였다. 놀랍게도 모유수유의 경험은 이제껏 살면서 맛본 가장 행복한 순간의 하나였다. 어둑어둑한 이른 아침, 어미와 아가가 모두 꾸벅꾸벅 반쯤은 꿈꾸듯 졸면서 깨어 있는 시간. 은밀한 고요함에 젖어 아가에게 젖을 물릴 때 느껴지던 감각의 기억을 병에 담아 보관할 수 있다면 좋겠다. 그 다정했던 한때를 떠올릴 때마다 몸에 소름이 돋는다.

가을이 왔고, 하버드의 옛 스승들은 내 교원면접 논문이 어떻게 진행되고 있는지, 이제는 읽게 해 줄 수 있는지 묻기 시작했다. 너무 창피해서 진실을 말할 수 없었다. 쓰긴 썼지만 컴퓨터가 다운되었고, 백업을 해놓지 않은 바람에 논문이 날아가 교직에 지원할 수 없다는 말을 어떻게 하겠는가. 개가 숙제장을 먹었다는 고전적인 거짓말을 하는 것과 비슷할 터였다. 정말이지 얼간이가 된 것처럼 느껴졌다. 최고의 계획은……, 나는 숨을 깊이 들이마셨다. 나는 진실은 말하지 않았다. 대신 나는 아기를 낳은 지 얼마 안 되어 한동안은 교직에 지원하지 못할 거라고 말했다.

아가와 어머니, 그리고 유모와 함께 집에 머물며 나는 잃어버린 논문을 재창조하기 위해 책상 앞에 다시 앉았다. 90분을 일한 후엔 젖을 물릴 시간이 되었고, 젖을 물리기 위해 나는 한 시간여를 쉬어야 했다. 나는 4개월 동안 이 과정을 하루 종일 반복했다. 그 후 마침내 논문이 다시 완성되었다. 같은 일을 두 번이나 한 셈이니 아마

첫 번째 논문보다 내용은 더 좋아졌을 것이다.

나는 《예일법률저널》에 논문을 투고했고, 출간을 허락받았다. 교원면접에 응할 준비가 되었다. 나는 케임브리지로 갔다. 내가 하버드법대 스승들과 함께 교수진에 포함될 수도 있는 지원자라는 사실이 믿겨지지 않았다. 그러나 이번에는 무대에서 행한 어떤 공연보다도 겁에 질리지 않았다. 내 몫의 무대 공포증은 어린 시절 피아노 앞에서 느꼈던 공포로 다 해소되지 않았나 싶다. 면접 당일, 잠시 쉬는 시간에 나는 하버드스퀘어에 위치한 찰스 호텔로 부리나케 뛰어가 아가에게 줄 젖을 짜서 냉장고에 넣어둬야 했다. 처리해야 할 일이 너무 많았고 그런 일에 집중하느라 나 자신에 대해 의문을 품거나 겁먹을 여유가 없었던 건지도 모르겠다.

가족여행차 방문한 아르헨티나 부에노스 아이레스의 거리에서 나는 유모차를 밀고 있었다. 대통령궁 카사 로사다 앞에 닿았을 때 휴대전화가 울렸다. 하버드법대 학장 엘레나 케이건이었다. 하버드 교수진의 투표로 내가 교직에 지명되었다고 했다. 2006년 7월. 나는 조교수로 하버드 교수진의 일원이 되었다.

7개월 후, 아들이 태어난 지 18개월 후, 딸 민아가 태어났다. 딸아이는 너무 사랑스럽고 예뻐서 저항할 수 없을 정도였다. 딸의 이름 또한 한국 이름이면서도 영어와 이디시어(중부 및 동부유럽 출신 유대인이 사용하는 언어)로도 잘 통하는 이름으로, 친증조모의 이디시어 중간이름인 '셰이나'를 참조했다. '셰이나'는 '아름다운'이란 뜻을 가진 단어다. 민아의 중간이름인 '지포라'는 '새^{bird}'라는 뜻으로, 친증조모의 이름인 '페이글'에서 따왔다. 페이글은 이디시어로 '새'를 뜻한다. 딸 자랑을 마음껏 하고 싶은 것을 참는 것은 내겐 정말 너무도 어려운 일이다.

어머니가 되는 것만큼 부모가 나를 얼마나 사랑했는지 잘 이해하게 해 주는 일도 없다. 아이를 갖고 아이와 함께 있고픈 소망은 일에 집중해야 하는 시간의 영역을 뚜렷하게 정해 주었다. 이제 일이란 집중해서 처리해야 하는 것이 되었다. 다루기 힘든 기생수처럼 멋대로 퍼져 나가 내 정신세계의 모든 구역을 점거하도록 놓아둘 수 없게 되었다. 일이 뿌리를 내리고 꽃을 피우기 위해서는 자급자족하며 스스로 살아남아야 했다. 정원에 핀 가장 아름다운 꽃봉오리들과 토양을 나누어야 하며 봉오리들을 압도해서는 안 될 것이었다. 아이들을 향한 미친 듯한 사랑 덕분에 나는 또한 내게 일이 얼마나 필수적인 것인지를 깨달을 수 있었다. 일을 향한 내 열망은 너무나 뜨거워서, 아이를 가짐으로써 내 일은 더 나아지고 더 보람차지기까지 했다. 그럼으로써 나는 일에 지배당하는 게 아니라, 이제 일을 지배하는 법을 배워야 했기 때문이다. 나는 어른이 되어야 했다.

"자기 자신의 기본원칙들을 의심했다는 것은 문명인의 표지다."
— 올리버 웬델 홈즈 2세

법을 가르친다는 것

하버드에서 나는 형법과 가족법을 강의하기 시작했다. 단지 두어 해 전에 학생이었던 바로 그 강의실에 지금은 선생으로서 있다는 사실이 이상하면서도 자연스럽게 느껴졌다. 나 이전에 교수가 된 많은 사람들이 바로 이러한 변환의 과정을 겪었다. 내가 하버드에서 법학 교수가 된 것은 매우 놀라운 사건이기도 했지만 동시에 예정된 일이라는 생각도 들었다. 무엇보다도 법대 강의실 현장의 흥분은 매일 아침 내가 행복하게 눈을 뜰 수 있게 해주었다.

나는 불법낚시라는 경범죄를 저지른 남자의 사건으로 형법 수업의 첫날을 시작했다. 범인은 주 경찰의 체포 시도에 저항하며 타고 있던 배의 노로 경찰관을 때리고 도주하려고 했다. 그러자 경찰관은 범인의 팔을 총으로 쏘았다. 이 사건의 법률적 쟁점은 주 경찰이 단지 경범misdemeanor에 불과한 범죄를 저지른 사람을 체포하기 위해 총기 등 치명적인 상해를 입힐 수 있는 수단을 사용해도 되는가의 문제였다. 법원은 체포에 저항하는 개인이 도망가도록 내버려 두는 것은, '적나라한 폭력 행사를 정의의 수레바퀴를 능가하는 지배적 위치로 격상시키는 것'이라 하였다. 즉, 개인이 힘을 사용해 법의 지배에 저항하는 것을 허용하는 결과를 낳는다는 것이다.

내가 이 사건으로 형법 수업을 시작한 이유는 '정부의 폭력 위협 없이는 법을 집행할 수가 없기 때문에 법은 언제든지 폭력적일 가능성이 있다'는, 가장 기본적이지만 심오한 깨달음을 주기 위해서였다. 개인이 체포 시도에 수동적으로건 능동적으로건 저항하면 경찰은 완력을 사용하게 되는데, 이 경우 적당한 수준의 경찰력이 사용된 것인지 아니면 경찰력이 오남용된 것인지를 판단하는 일은 우리가 생각하는 것만큼 쉽지 않다. 체포의 현장에 연루된 적이 있거나 그 광경을 본 이들이라면, 꺼림칙하더라도 인정할 수밖에 없는 사실이다. 법 집행은 힘의 사용에 달려 있다. 즉, 법에 복종하도록 개인을 위압하고 징벌할 수 있는 정부의 능력(개인이 복종을 거부할 경우)에 의지한다. 사람들은 다칠까 두려워 법을 지키며, 저항하면 다칠 수도 있다는 것이 잔혹한 진실이다. 맨해튼검찰청 검사로 일하며 나는 기소인부절차가 종종 병실 침대맡에서 행해진다는 것에 놀란 기억이 있다. 판사와 검사, 피고의 변호인과 법원 속기사들이 체포에 저항하다 부상당한 피의자 때문에 모두 병원으로 온 것이다.

법은 개인의 힘을 억누를 수 있는 정부의 능력에 의존한다. 경찰 가혹행위와 합당한 법 집행 사이의 경계가 가끔 흐릿하게 보이는 이유는 법의 집행이 곧 국가에 의한 폭력이기 때문이다. 여기서 열쇠는 공권력의 행사에 자기규율과 자기통제가 따라야 한다는 것이다. 이는 공권력의 성격상 힘든 일이기는 하지만 정부가 일상적 법 집행을 하는 데 있어 요구되는 점이기도 하다. 따지고 보면, 법의 집행이란 민주주의 사회에서 모든 시민에게 부과되는 일종의 속박인 것이다. 법과 폭력, 그리고 통치 사이의 관계는 법 권력을 휘두르게 될 학생이라면 누구나 이해해야 하는 교훈이다.

나의 옛 스승이자 이제는 하버드대 동료가 된 빌은 자주 내 연구실에 들러 강의와 글쓰기에 대해 솔직한 조언을 해 주었다. 나의 성공을 바라는 사람들이 나를 주시하고 보호하고 있다는 것을 알려 주는 것이다. 따뜻하지만 물줄기 센 욕조에 몸을 담근 기분이었다.

젊은 초보 선생으로서, 완벽한 선생이 되어야 한다는 것, 모든 것에 박식하며, 권위 있고, 품위가 있으며 세련된 선생이 되어야겠다고 느끼지 않기란 매우 어렵다. 하버드법대생이 존경하고 우러러볼 수 있는 존재가 되어야 한다는 생각의 유혹은 엄청나게 강렬하

하버드법대 강의실에서.

다. 그런데 다행히도 나는 '완벽'이 무엇이건 간에, 그 환상의 어리석음에서 상당히 빨리 벗어날 수 있었다. 교수가 된 첫 해의 어느 날, 나는 늦을까 걱정스러운 마음에 교실로 급하게 뛰어가고 있었다. 지각은 용납할 수 없었다. 양손에는 커다란 판례집과 딱딱한 지정좌석표, 그리고 뜨거운 음료가 균형을 잡은 채 쥐어져 있었다. 학생들은 반원형극장 스타일의 강의실에 이미 앉아 있었고, 내가 뒷문으로 들어서자 조용해졌다. 나는 강의실 중간에 난 계단을 따라 강의실 앞의 단상으로 향했다. 계단을 반쯤 내려 왔을 때, 발목이 계단참에서 삐끗하더니 꺾였다. 쾅! 순식간에 나는 바닥에 넘어졌고 판례집과 지정좌석표와 뜨거운 액체가 허공을 갈랐다. 내가 바닥에 부딪치자 학생들이 일제히 흡, 하고 숨을 들이쉬었다.

'그래, 난 이제 끝났어. 여기서 어떻게 교수를 해? 그만두는 게 낫겠어'라고 생각하던 게 기억난다. 나는 일어나서 옷을 툭툭 털고 단상으로 향했다. 그날은 그때까지의 내 강의 경력에서 가장 잘 가르쳤던 수업이었다. 그리고 남은 학기 동안 이전 강의들보다 훨씬 긴장이 풀린, 성공적인 강의가 이어졌다.

바닥에 얼굴을 문대며 넘어진 것이 사실은 구원이었음을 나는 나중에 깨달았다. 한 번 시원하게 넘어짐으로써 내게 완벽함이란 존재하지 않는다는 것이 적나라하게, 부인할 수 없을 정도로 명백해졌던 것이다. 나는 화려하게 넘어짐으로써 '실패하다'라는 뜻을 지

넌 영어 관용구인 '바닥에 얼굴을 박고 고꾸라지다$^{\text{to fall flat on one's face}}$'를 현실로 구현했다. 성공적인 사람들이 통제력과 평정과 태연자약함을 유지하기 위해 쏟는 기력과 시간을 생각한다면, 얼굴을 바닥에 박고 넘어지는 등의 최악의 사태가 발생한 것이 세상의 끝이 아닌, 오히려 해방이라는 것은 꽤 의미심장했다. 그날의 사건은 내가 계속 강의를 하면서 편안한 태도를 가지는 데 큰 공헌을 했다. 모든 이들이 좀 더 편안해졌다. 우리는 다 인간이었다.

 그때 넘어진 일은 1년차 법대 교수의 깨달음으로 이어졌다. 즉, 완벽하고자 하면 아프다. 엄청나게 아프다. 그리고 완벽해지지도 않는다. 코르셋이나 마모셔츠(동물의 털로 짠 매우 거친 옷으로, 수도사들이 참회의 뜻으로 입었다고 한다)를 입는 것처럼 답답하다. 그렇게 넘어짐으로써 나는 나로부터 해방되었고, 강의실에서 가르치는 선생으로서 그런 해방의 경험은 구원과도 같았다. 나는 좋은 선생이 되었다. 강의실의 학생들과 더 진실하게 소통할 수 있었다. 말문을 자주 잃고 교실에서 고립되었던 어린 시절을 보낸 소녀가 어찌하다 보니 숙련된 언어 사용과 소통의 힘이 요구되는 교수직을 업으로 삼아 행복하게 일할 수 있게 되었다. 강의실에서 편안하게 들이쉴 수 있는 풍부한 공기를, 나는 다른 곳에서도 마시고 싶었다.

 글쓰기 솜씨 또한 훌쩍 나아지기 시작했다. 글을 쓸 때마다 내 안에서 꿈틀대던 악마는 살며시 도망쳤다. 하버드 연구실에서 내 글길은 더 이상 막히지 않았다. 나만의 조용한 공간에서 글을 쓰는 환희를 느끼기 시작했다. 어린 시절 도서관 이용자로서, 십대 시절 발레 수련생으로서 느꼈던 그 강렬한 쾌락이 되돌아왔다. 연구와 글쓰기를 통해, 배우고 창조하는 일에 집중하며 나 자신을 단련하는 데서 나는 환희를 맛보았다. 하루가 시작되면, 책상에 앉아 여러 가지 글과 생각들을 훑으며 세심하게 일을 하게 될 시간들이 너무나 기다려졌다. 정말 너무도 재미가 있었던 것이다. 내게 글쓰기는 결코 쉽고 빠르게 할 수 있는 일이 되지는 못할 테지만, 가장 즐거운 활동 중의 하나라 말할 수는 있다.

하버드 캠퍼스를 걷는 내 얼굴에는 미소가 활짝 피어 있었다. 내가 사랑하는 일, 상황의 제약 없이 내가 가장 하고 싶은 일을 할 공간과 자유를 주는 직장을 이 세상에서 찾은 것이 믿겨지지 않았다. 이것은 내가 어떤 상황에서도 가장 하고 싶은 그런 일이었다. 나를 매료시키는 것들이 이끄는 대로 어디든 자유롭게 축복받은 것처럼 따라갈 수 있다고 느꼈다.

내가 강단에 선 첫 학기에 영화배우 알렉 볼드윈이 내 하버드 연구실을 방문했다. 그가 쓰고 있는 책 『우리 자신과의 약속 A Promise to Ourselves』에 대해 이야기하기 위해서였다. 그는 자신의 책에서 아내와의 이혼 및 딸의 양육권을 둘러싼 법정싸움에 대해 이야기하고 있었다. 우리는 여성주의 법 개혁과 형법, 가족법, 그리고 자녀양육

분쟁에서 법이 아버지와 어머니를 어떻게 대우하고 있는지에 대해 몇 시간이나 대화를 나눴다. 나는 알렉을 수업에 초청하여 그가 겪은 가족법 체제와 공동양육권 옹호자로서의 그의 일에 대해 이야기를 하도록 했다. 우리는 같이 이 개념의 토론을 위해 서로에게 그리고 학생들에게 질문을 던지고 각자의 논지를 파고들면서 소크라테스식 대화법을 이끌었다. 강의실이 열띤 토론으로 뜨거워졌다. 우리들 사이에는 놀라울 정도로 넓은 범위를 아우르는 대화가 뒤따랐고, 그 과정에서 알렉은 강의실에서 나눈 대화를 어떻게든 자신의 책에 넣겠다는 생각을 하게 되었다.

알렉은 자신의 책에 실린 「케임브리지 방문」이라는 장에서, 나의 학생들에게 강연하기 위해 하버드에 온 일화를 다루면서, 그와 내가 나눈 대화와 일련의 문답을 싣고 있다. 자신의 사적인 이야기를 말하는 이 책에서 알렉은 이혼현상에 대해 말하며 평범한 독자들과 연결하려는 시도를 했다. 또한 그는 자신의 이야기를 통해 이혼의 일반성과 법 체제에 존재하는 문제점들을 논하려고 노력했다. 그는 이혼 후 자녀에게 겉치레가 아닌, 제대로 된 아버지 역할을 하기를 진심으로 바라는 아버지들에게 느끼는 공감과 지원의 마음을 표현하고 싶어 했다. 그런 그를 나는 존경했다. 알렉과 일하면서 그의 도움 덕택에 나는 내 전문 분야가 되어 가던 형법과 가족법에 존재하는 법률 쟁점 중 다수가 단지 법률이론이 아닌, 많은 이들이 매일 살아가며 가장 신경을 쓰는 핵심적인 문제들이라는 것, 그들을 현재의 위치에 있게 만든 문제이자 딜레마라는 것을 깨닫게 되었다.

 교원면접 논문에서 전개했던 연구과제는 나의 저서 『법의 재발견 At Home In the Law』의 핵심이 되었다. 『법의 재발견』은 형법과 연결된, 현재 존재하는 일련의 문제들 안에서 '집home'의 법률적 의미를 탐구하는 책이다. '집'이란 무엇인가, 나는 물었다. 영미권의 전통에서 '모든 사람의 집은 그의 성castle'이라는 격언이 존재한 것은 적어도 이르면 16세기까지 거슬러 올라간다. 집은 타인의 침입을 막는 요새임을 뜻하는 표현이지만, 왕도 침범할 수 없는 방파제임을 뜻하는 중요한 의미를 지니기도 한다. 집에 대한 이러한 개념은 무엇이 범죄로 간주되어야 하는가에 대한 쟁점에 법률적인 영향을 끼쳤고, 전투시 성을 침입하는 것이 범죄의 기본 모델로 정해졌다. 또한 정부의 간섭으로부터 자유로울 권리 역시 이런 경계에 의지함을 명확히 했다.

 '집'은 또한 19세기 중산층에게 있어 행복한 가정생활과 사적 공간의 이상적 장소였다. 가족의 감정적 공간으로 여성과 깊이 연관되어 있으며, 가정생활이 인간적으로 구체화된 공간이다. 집은 공과 사의 공간을 구분하는, 문자 그대로이자 은유적 경계선을 나타내기도 한다. 본질적으로 사적인 공간으로서의 '집'은 범죄와 섹스, 자유, 그리고 재산 등 다수 법 분야의 핵심개념에 중대한 영향을 끼쳐 왔다.

'집'은 모순이 존재하는 개념이었다. 안전과 평안함, 친밀함을 제공하는 궁극적인 장소여야 하는 반면, 그 반대도 가능해서, 공포와 연약함의 감정이 존재하는 곳일 수도 있었다. 이것이 바로 프로이트가 '운하임리히unheimlich'라 불렀던 오싹하고 찜찜한 느낌이었다. 가장 낯익고 가정적인 것이 또한 그 반대 상태가 되는, 즉 집이 집이 아닌 것으로 변신할 때 느끼는 그런 섬뜩한 느낌을 의미한다. 그것은 안전하면서도 공포스럽고, 낯익으면서도 동시에 낯선 느낌이었다.

이 '운하임리히'라는 개념, 영어로 '언캐니uncanny'('익숙하면서도 낯선 상태'를 뜻하는 프로이트의 개념을 담은 영어 번역)라 표현할 수 있는 이 개념은, 정서적 사생활이 펼쳐지는 가정 공간으로서의 '집'의 개념을 비판한 여성주의 운동을 이해하는 데 도움이 되었다. 여성주의자들은 '집'을 여성을 가두는 일종의 감옥이자, 복종의 장소로 느꼈다. 1970년대 이후 미국의 여성주의자들은 법률 제도나 법 관행에 개입을 시도했고, 몇 가지 결정적 분야에서는 성공을 거두었다. 이 성공은 대체로 가정, 즉 '집'에 초점을 맞추고 있다.

이러한 변화에서 비롯된 결과를 하나 들어 보자. '집'의 개념과 함께 그와 밀접하게 연관된 '사생활privacy'이란 개념도 공격을 받았다. 우리의 법률 체제를 관통하고 있는 공사公私의 개념적 구분 때문에 여성이 남편에게 구타당할 때도 형법 체제가 개입하지 않았기 때문이다. 법여성주의자들은 따라서 가정이 사적 공간이라는 생각을 비판했고, 공공의 거리에서 발생하는 폭력만큼이나 집에서 구타당하는 여성도 대중이 관심을 가져야 하는 문제임을 정부가 깨닫기를 바랐다.

『법의 재발견』에서, 나는 오늘날의 법과 법적 담론의 형성에 가장 강력하게 영향을 끼치는 '집'의 개념은 가정 공간 내에서의 폭력이라는 개념이라고 주장했다. 폭력으로서의 집이라는 개념이라니, 실로 '언캐니'한 변화다. 점점 확산되고 있는 이 법적 통찰은 집을 둘러싼 국가의 개입 확대를 정당화시켰고, 정부에 대한 남녀 모두의 자율성과 사생활 존중의 권리를 상당히 축소시켰다. 특히 이런 결과는 이미 정부 통제와 경찰 감시에 과도하게 노출되어 있는 이민자 및 소수인종 공동체에서 두드러졌다.

『법의 재발견』은 스턴츠 교수가 법과 집에 대한 생각에서 비롯된 보잘것없는 내 학생 시절의 리포트 초고를 처음 본 지 7년 만에 완성되었다. 하지만 나는 이미 수년 전 문학 공부를 할 때 고향/집^{home}의 추상적 개념과 그 표현방식에 대해 연구한 적이 있다. 유아기를 보낸 나의 모국, 이민자의 새로운 고향, 고향과 식민주의, 고향으로부터의 피난, 고향과 탈출, 향수, 나라를 뜻하는 고향, 가족을 뜻하는 집, 사생활로서의 집이 그렇다. 한번 드러나면 연관성은 뚜렷하고 흔적을 추적하기가 쉽다. 계획한 것도 아니고 미처 깨닫지 못한

"시간과 열정을 투자할 만한 가치가 있다고
진심으로 느낄 수 있는 일을 찾아야 한다.
나는 어렸을 때 발레를 포기하면서 그걸 느꼈다."

ⓒ Michael Malyszko 2007

채, 나는 이 주제를 좇으며 여러 대륙들과 분야들, 언어들 사이를 잇고 있었다. 틀림없이 그랬다.

나는 법대 교수로서 내가 행하는 연구가 다양한 분야의 언어로 이야기하는 것임을 깨달았다. 법은 인문학 분야의 학생들, 소설가들, 그리고 시인들 또한 파고들어 연구하는 문화적 가치와 개념들에 영향을 끼치면서 우리의 삶을 규제한다. '인간적'이라는 의미는 무엇인가? 인간이 의미를 생산해내는 것은 우리가 스스로를 지배하는 방식에 어떻게 영향을 미치는가? 나는 법의 정체뿐만 아니라 법을 정당화하고 법을 이해하기 쉽도록 만드는 여러 발상과 개념을 법률행위자들이 어떤 식으로 이해하고 묘사하는지에 대해서도 글을 쓰고 있다.

내 논문 「트라우마의 궤도: 임신중절 담론에서의 몸과 마음」은 임신중절에 대한 법적 담론이다. 다시 말해 법률행위자들이 임신중절 제한의 합헌성에 관한 주장을 하는 과정에서 임신중절의 의미를 묘사하는 데 사용하는 언어와 개념에 대한 논문이다. 나는 법률행위자들이 어떤 식으로 임신중절에 의한 해악을 묘사하는지 분석했다. 태아의 살해를 강조하기보다는, 여성을 심리적 손상 psychological harm에서 보호하기 위하여 입법부가 임신중절을 제한하는 법을 통과시키는 것이 왜 이성적인지를 이해시키는 일환으로, 미국 내의 활동가와 입법자, 그리고 대법관을 포함한 판사들이 임신중절 여성이 겪는 심리적 트라우마를 강조하는 경향이 강해지고 있다. 나는 이제는 임신중절 할 권리를 제한하는 데 사용되고 있다는 트라우마 개념에 대한 이러한 법적 담론의 부상이, 신체의 침해와 관련된 사건에서 여성을 심리적 트라우마로 인해 고통받는 전형적 피해자의 예로 제시하며 우리가 이제껏 가정폭력이나 성희롱, 강간 관련법 개혁에서 본 법여성주의 담론의 영향을 반영한다는 것을 보여 주었다. 우리가 사용하는 추론의 기술적인 양식과, 우리를 자극하고 인간적인 것이 무슨 의미인지를 형성하는 더 넓은 개념들 사이의 관계를 법조인들은 볼 수 있어야 한다고 나는 믿는다. 나는 내 연구를 통해 그러한 연결고리를 만들고 설명하려고 노력한다.

여러 분야를 아우르는 학제적 접근의 틀 안에서 법을 연구하려는 내 노력은 또한 지적 재산권에 관한 연구로 이어졌다. 그 결과 「법, 문화, 그리고 패션의 경제학」이라는 논문이 태어났다. 패션산업은 세계에서 가장 창조적인 산업에 속한다. 다국적 의류산업과 제화, 장신구 산업의 미국 내 매출은 도서와 영화, 음악산업을 다 합친 규모보다 크다. 모두에게 있어 그들이 입는 의류란, 문화적 규범과 개인의 선택이라는 양 측면을 다 가진다. 따라서 패션은 거의 보편적인 현상이다. 이 논문의 공저자인 컬럼비아법대 교수 스코트 햄필Scott Hemphill은 우리가 대법원 서기로 일했던 시절부터 나와 친하게 지낸 사이다. 그는 스칼리아 대법관, 나는 수터 대법관 밑에서 일했고 우리 사무실은 나란히 있었다. 그때부터 우리는 뭔가에 대해 같이 연구하기를 원했으며, 우리가 선택한 연구과제는 패션이었다.

　우리는 패션은 무엇인가?라는 질문으로 논문을 시작했다. 패션은 사람들이 자신의 개성을 표현하는 가장 즉각적인 방법이다. 하지만 다른 한편으로 패션은 타인과 일치하는 모습을 보이고자 할 때 사용하는 도구이기도 하다. 사람들은 새로운 패션에 다함께 우르르 몰렸다가, 관심이 식으면 다른 것으로 옮겨간다. 패션은 보편적인 현상이며, 새것이 낡은 것이 되었다 다시 새것으로 이어지는, 유행의 흥망성쇠다. 우리는 패션이라는 창을 통해, 문화와 창조성, 어떻게 인간이 사회에서 처신하며 의미를 형성하는지를 보게 된다.

　모든 창조적인 예술처럼, 패션디자인은 문화에 존재하는 현재의 작품과 주제로부터 영향을 받고 그것을 차용한다. 하지만 스코트와 나는 왜 패션디자인의 원 창작자가 누려야 할 보상에 지적재산권법이 끼치는 영향이, 도서나 음악, 영화, 건축 그리고 안무 등의 원 창작자들이 누리는 것과 다르게 간주되는지 알고 싶었다. 우리의 논문으로 패션디자인의 저작권 보호에 대한 현재진행중인 정책 토론에 참여했다. 나는 패션디자인을 위한 보다 좁은 범위의 새로운 저작권법이 필요하다는 우리의 제안에 대해서 의회에서 증언할 기회가 있었다. 이것은 패션산업이 다른 창조적인 예술산업의 복제 역학과 유사하거나 상이한 측면을 모두 반영해 고안된 것이다.

예술에 대한 나의 관심은 새로운 강의의 탄생에도 영향을 끼쳤다. 하버드는 커리큘럼에 새로운 과목, 예를 들면 내가 고안한 〈공연예술과 법〉 같은 강의를 개설하는 데 매우 개방적인 태도를 보여 왔다. 나는 이 강의를 스타 발레리노 출신인 데미언 워첼Damian Woetzel과 함께 가르쳤다. 나는 이십대 시절, 부푼 가슴을 안고 뉴욕주립극장의 무대에서 열린 그의 공연을 수도 없이 보았다. 우리는 둘 다 십대 시절에 각각 SAB를 다녔으며, 그는 계속 발레 훈련을 받아 뉴욕시티발레단의 수석무용수가 되었다. 나는 나를 깜짝 놀라게 했던 그의 몇몇 공연들을 여전히 기억한다. 그는 남신과 같은 차원의 예술가였다.

법대 교수 2년차일 때 나는 하버드의 파티에서 데미언을 만났다. 그는 삼십대 후반에 무대에서 은퇴한 후 하버드대에서 공공정책학 석사과정을 밟고 있었다. 우리는 함께 하버드법대 역사상 최초로 공연예술에 대한 과목을 가르치기로 결정했다. 이 과목에서 우리는 공연의 여러 측면을 탐구한다. 예를 들면 '공연performance'이란 무엇인가, 공연을 한다는 것의 의미는 무엇인가 등의 철학적 질의와, 지적재산권과 노동권에 초점을 맞춘 공연법과 관련된 문제들, 마지막으로 공연과 의식儀式의 장면이 재판 같은 법조인의 활동이나 법률절차의 구성요소가 되는 방법에 대해 다룬다. 우리 학생 중 많은 이들이 법에 입문하기 전에 음악이나 무용, 영화, 연극 등에서 예술의 길을 추구한 경험이 있었다. 예술을 향한 우리의 집착을 법

"무엇보다도 법대 강의실 현장은 매일 아침
내가 행복하게 눈을 뜰 수 있게 한다."

대 강의실에서 교육으로 풀어낼 수 있었던 건 정말 재미있었다.

 데미언은 학생들에게 하늘을 향해 든 오른손을 쳐다보는 동작으로 구성된 〈세레나데〉의 장엄한 오프닝 댄스를 추는 법을 가르치면서 첫 수업을 시작했다. 우리는 또한 저명인사들을 강의에 연사로 초빙했다. 그중에는 링컨센터의 고문변호사 레슬리 로젠탈, 전 메트로폴리탄오페라 단장 조지프 볼프, 극작가 존 과라, 재즈색소폰 연주자 조슈아 레드먼, 그리고 배우 알렉 볼드윈 등이 있었다. 현재 생존해 있는 발란신의 예술적 해석가 중 으뜸인 데미언과 하버드법대의 멋진 학생들과 함께 이 프로젝트를 하면서 나는 내 운을 믿을 수 없었다.

하버드법대 최초
아시아여성 종신교수

       2010년 가을, 하버드법대의 선임교수들은 내가 조교수로 있던 4년 동안 쌓았던 학문적 성과를 근거로 내게 종신교수직을 주기로 투표했다. 그리고 나는 정교수 지위와 함께 종신교수로 승진했다.

  어떤 친구들은 종신교수직을 받았어도 일이나 인생에 대해 별다른 느낌을 갖게 되지는 않았다고 말한다. 하지만 나는 종신교수직을 받고 무척이나 흥분했고 행복감을 느꼈다. 나는 그 사실을 매일 즐기고 감사하게 여긴다. 종신교수가 되기 전에도 내가 원한다면 어떠한 주제에 대해서도 상당히 자유롭게 생각하고 말하고 쓸 수 있다고 느꼈지만, 아주 약간이라도 주저함이 남아 있었다면 종신교수직은 그나마의 주저함도 깨끗이 덜어냈다. 그것은 내가 인생에서 원하는 것과 종신교수직이 수여하는 혜택이 정확히 일치한다는 것을 강력하게 확인시켜 주었다. '과거보다 더 우수하고 혁신적이기 위해 앞으로 해야 할 일을 강력하게 추진할 수 있는 자유'라는 혜택은, 정신을 운용하는 삶을 살고자 하는 사람이 종신교수직으로부터 얻을 수 있는 궁극적인 선물이었다. 종신교수직으로 인해 가능해지는 삶의 형태에 나는 경탄하지 않을 수 없다.

이제 나는 나의 스승들 및 조언자들과 진정한 의미에서 동료가 되었다. 모티와 라니, 재닛과 빌까지, 그리고 내가 이름을 언급하지 않은 수많은 스승들이 나를 꿰뚫어 보았고, 나를 성장시켰고, 내가 이전에는 상상하지 못했던 일을 생각하고 실천하는 방법을 알려 주었다. 자신감 없는 학생이 자라서 당신들의 동료가 되도록 도와주었다. 나는 친절과 온기에 감싸여 있었다. 내가 성인으로 잘 성장하도록, 그리고 나의 지성이 발전하고 내 목소리를 낼 수 있도록 스승들이 보여준 관심이 있었다. 미래를 위임받은 느낌이 있었다. 이런 감정이 바로 내가 선생으로서 나의 학생들에게 느끼게 해 주고 싶은 심오한 감정이다.

끝이 보이지 않던 허리통증에 수년간 시달리던 빌은 암 진단을 받았고, 나를 포함한 동료 교수들은 괴로워했다. 구약성서에 나오는 욥의 고난이 떠올랐다. 항암치료와 몇 차례의 복잡한 수술로 육체가 쪼그라들면서도 빌은 멋지게 강의를 하고 글을 썼다. 그의 학생들은 그를 죽도록 사랑했다. 빌은 복도를 거닐며 동료들의 연구실을 방문하여 그들의 연구에 대해 토론을 하던 '복도산책'의 습관을 결코 버리지 않았다. 내가 빌에게 몸이 어떠냐고 물으면, 그는 그저 강의와 글쓰기, 그리고 학교에 대해서 이야기하고 싶어 했다.

교수진이 내게 종신직을 주기로 결정했을 무렵, 빌은 자신이 학교에 있을 날이 얼마 남지 않았음을 알고 있었다. 그는 내게 경고했다. 내가 남다른 학자적인 목소리를 발전시켜 왔으며, 이제까지는 잘했지만, 내 안의 잠재력을 완전히 발휘하기 위해서는 앞으로의 주제와 방법을 선택하는 데 보다 큰 야심을 가져야 한다고 말했다. 그는 물론 옳았다. 하지만 그의 충고가 실현될 시점에 그는 이곳에 없을 것이다.

하버드법대의 내 연구실은 1940년대부터 1960년대까지 법대를 이끈 어윈 그리스월드 학장의 이름을 딴 그리스월드 홀에 위치하고 있다. 여성이 법대 학생으로 처음 받아들여진 때가 이 그리스월드가 학장을 맡고 있던 시기였다. 1950년대에 성차별의 벽이 무너지는 것을 본 그는 일말의 책임감을 느꼈다. 그에 대해 전설처럼 전해지는 유명한 일화가 있다. 해마다 그리스월드는 당시에는 열 손가락에 꼽을 정도로 수가 적었던 하버드법대 여학생들을 자택의 저녁 식사에 초대했다. 그는 거실에서 여학생들과 함께 둥그렇게 둘러

하버드 연구실에서, 2010년.[10]

앉은 후 여학생 한 명 한 명에게 한 남자의 자리를 빼앗은 것을 어떻게 정당화할 수 있는지 물어보았다.

1950년대와 1960년대에 하버드법대를 다닌 많은 여성들이 반복해 퍼뜨린 이 실화는, 이 시대를 살아가는 우리로서는 놀라운 이야기다. 그의 질문은 적대적으로 들리며, 법대에서 여성의 자리가 자연스럽지도 적절하지도 않다는 전제를 깔고 있다. 하지만 그의 질문은 이러한 교육과 기회를 제공받은 이는 그것을 잘 활용하여 사회에 크게 기여할 책임이 있다는 전제 또한 깔고 있다(다른 선택사항인 집에 있으면서 애를 키우느니). 나는 이 일화가 전통적으로 남성의 영역이던 교육과 직업의 장에 진입한 여성에게 느끼는 위협을 표현한 동시에, 고등교육을 받은 엘리트 여성들의 적극적 참여를 촉구하는 의미를 지닌 양면적인 이야기라고 생각한다. 엘리트 남성이 전통적으로 가졌던 의무처럼, 엘리트 여성들 또한 공적인 삶에서 대담하게 자신의 자리를 찾아 앉으라는 것이다.

나의 조언자 라니 기니어 교수는 내가 하버드에 입학하기 얼마 전, 하버드법대 종신교수직에 임명된 첫 번째 흑인여성이 되었다. 나에게 학계에서의 첫 교수직을 수여한 사람은 하버드법대의 첫 여성학장이었으며 현재 미국 대법원 대법관인 엘레나 케이건이었다. 이 기간에 미국민들은 하버드법대 출신으로 《하버드법률평론지》의 첫 번째 흑인 편집장을 지낸 사람을 미국 최초의 흑인 대통령으로 선출했다. 나는 하버드대의 첫 번째 여성총장 드루 파우스트와 하버드법대의 두 번째 여성학장 마사 미노우 밑에서 종신교수직에 임명되었다. 나는 법대 교수진에 진출한 첫 번째 동아시아계 종신교수이자, 첫 번째 아시아여성 교수, 그리고 첫 번째 한인교수다.

내 종신교수직 임명은 한국에서 화제가 되었다. 예상하지 못한 일이었다. 나는 한국인들에게 너무나 많은 질문을 받았다. 내가 어떻게 이 자리에 이르게 되었는가, 이 자리가 내게 무슨 의미를 가지는가, 내 어린 시절은 어떠했는가, 그리고 우리 부모는 어떤 분들인가 등등 수많은 질문들이 쏟아졌다. 대부분의 교수들은 이런 류의 관심 대상이 되지 못한다. 하지만 한국인과 하버드는 떼어 놓을 수 없는 단짝 같다. 한국인들은 하버드를 세상의 어떤 학교보다도 숭배한다. 그들에게 하버드는 교육과 학문의 탁월함을 상징하기 때문이다. 이러한 숭배는 현대 한국의 가치와 신화에 깊게 각인된 사실이며 한국의 봉건적인 과거와도 연관 있다. 과거 한국에서 학습과 학문적 성취는 너무도 중요한 가치로 평가되어, 그런 학식 있는 가문을 사회계층 서열의 최상위에 모실 정도였다. 이러한 현상을 보며 나는 내게 던져지는 질문들에 대해 생각해 보지 않을 수 없었다. 나를 낳고 나에 대해 일정한 주장을 할 수 있는 특정한 공동체에서 내가 비롯되었다는 것이 어떠한 의미를 지니는가, 그리고 내가 한 집단의 충족감과 자존심을 대표한다는 것은 과연 어떠한 의미인가.

"나는 하버드법대 첫 동아시아계 종신교수이자,
첫 아시아여성 교수, 그리고 첫 번째 한인교수가 되었다."

서울에서, 2011년.

아시아여성으로는 최초로 하버드법대 종신교수가 된 석 교수가 한국하버드법대동문회에서 강연하고 있다. 2011년.[12]

내가 하고 싶거나 해야 할 일을 하며 일상적인 생활을 하는 동안, 나는 내가 한국인이고 소수인종이며 여성이라는 점을 매일 자각하고 살지는 않는다는 것을 깨달았다. 이것 역시 내가 태어나고 자라면서 누린 수많은 혜택 중의 하나라는 것도 알고 있다. 내가 운 좋게 누렸던 교육적 환경에서는 단지 내 정체성 때문에 기이한 존재가 되거나 배타적으로 취급받을 필요가 없었고, 그런 시대와 장소에서 나는 성장했다. 그럼에도 한국사회와 문화의 특정한 역사와 가치, 그리고 전통(그중 일부는 잘 알려졌고 전형적인데)은 내 유년시절을 구성한 바탕이다. 또한 이는 지금도 내게 항상 붙잡고 씨름할 풍부한 문화적 원천을 제공하고 있다.

이런 식의 질문공세에서 느낀 초기의 충격은 이후 보다 차분한 자기인식에 이르렀다. 나는 그저 나 홀로 즐겁게 삶을 꾸려 가는 나 자신이 아니었다. 내 생각과 일과 놀이를 통해 내가 누린 거대한 자유는 사람과 문화, 가치관, 관습, 예상치 못한 우연이 모두 합쳐진 산물이었다. 내게 뛰어난 점이나 전형적인 면이 있어 자세히 들여다보면, 그 어떤 것도 예외 없이 위의 요소들 안에 있었던 것이다.

실제로 나는 소수인종이자 이민자이자, 여성이다. 나는 전통적으로 남성 그리고 백인 위주의 엘리트 특권층의 요새이자, 많이 변화했으나 또한 다른 측면에서는 여전히 보수적인 조직에 속해 있다. 그럼에도 내가 이곳에서 느끼는 소속감과 안온함은 어디서 비롯되는 것일까? 어째서 나는 소외당하지 않은 것일까? 오히려 왜 나는 성공하고 있을까? 지식생산과 후학양성이라는 고귀한 과제 안에서 내가 처음에는 학생의 신분으로, 이후에는 먼저 이곳을 거쳐 갔고 앞으로 거쳐 갈 수많은 교수진 대열의 일부로 받아들여졌다는 인간적 사실에서 대략 답을 찾을 수 있음을 안다. 마찬가지로 나도 상대를 받아들였다. 하지만 나는 또한 수세대 동안 여성과 소수인종들이 이 기관에서 오롯이 환영받거나 집처럼 편안한 곳이라는 느낌을 받지 못했다는 것도 안다.

아마도 이런 이유에서였는지, 케이건 교수가 학장이 된 후 하버드법대에 나타난 눈에 띄는 변화 중 하나가 학교 공공장소 여기저기에 걸려 있던 금테 두른 초상화들의 교체였다. 저명한 죽은 백인 법조인들 대신에 더 '현대적'이거나 '중립적'인 학교의 이미지를 선보이기 위해 선택된 그림들이 걸렸다. 오래된 그림들은 도서관 지하창고로 사라졌고, 소더비나 크리스티에 의해 곧 구매될 것이라는 소문이 돌았다. 이렇게 격하된 그림 중의 하나가 주홍색 법복에 모피망토로 쫙 빼입은 17세기 영국고등법원 왕좌부 수석재판관^{Lord Chief Justice of England} 매튜 헤일 경의 초상화였다. 나는 학생 시절 랭델도서관에 눈에 확 두드러지게 걸려 있던, 사람 키만큼 컸던 그 법조인의 초상을 기억하고 있었다.

그리스월드 홀에 있는 내 현재 연구실은 원래 찰스 하르라는, 지

서남표 카이스트 총장, 박윤식 조지워싱턴대 교수, 석지영 교수. 미주한인의 날을 맞아 한미경제연구소(KEI)가 선정한 '자랑스러운 한국인' 상을 수상했다.[13]

금은 은퇴한 교수의 연구실이었다. 나는《하버드법률평론지》에서 편집자로 일할 때, 하르 교수와 일하며 그가 법학자로서 쓴 마지막 논문 중의 하나를 게재한 적이 있다. 내가 여섯 살배기로 미국에 왔던 1979년, 그리스월드 홀이 문을 열었고, 그 후 그 연구실은 계속 하르의 연구실이었다. 내가 이사를 들어갔을 때, 연구실의 벽은 넓고 텅 비어 있었다. 나는 헤일 경의 커다란 초상화를 생각하며 영광의 자리에서 쫓겨난 그 그림이 지금은 어디에서 시들고 있을까 궁금했다. 도서관 측은 내가 그 초상화를 빌려 연구실 벽에 걸어도 좋다고 허락했다. 내 연구실 벽에 걸린 그 초상화는 무척이나 인상적이다. 마치 그 벽에 제자리를 찾은 것 같다. 나는 내 책상에서 글을 쓰며 헤일 경과 의미심장한 시선을 나눈다. 나는 그가 공부했던 옥스퍼드의 도서관에서 박사논문을 썼다. 그리고 지금 이 하버드법대에 있는 이는 나다. 그의 유지는 부분적으로는 나 같은 사람들의 손에 좌지우지되는 처지가 되었다.

헤일의 유명한 법학논서『형사소송의 역사 The History of the Pleas of the Crown』는 많은 형법 강사들이 참조하는 자료다. 적어도 나는 확실히 그렇다. 전통적인 영국 보통법 common law의 정리라는 형태로 현재 형법의 전신을 학생들에게 보여주기 위해서 형법 수업을 할 때 여러 번 참조한다. 내 생각에 헤일이 지하로 쫓겨난 것은, 그가 했던 많은 말 중 하나가 여성에 대해 전통적인 구닥다리 태도를 반영하고 있는 것으로 악명이 높아졌기 때문이다. 영국 보통법을 굳건히 받치고 있는 다수의 가정들이 행위자들의 성별에 따라 판이한 태도를 취하는 것처럼, 그의 언급 역시 지금 보면 구제불능일 정도로 성차별적이다. 그는 강간의 '혐의를 씌우는 것은 쉽지만 그 혐의를 입증하는 것은 어렵고, 혐의를 받은 사람이 아무리 결백하다고 해도 변호하기는 더 힘들다'라고 말했다.

물론 나는 형법 시간에 강간 관련법을 가르친다. 거짓으로 강간 혐의를 씌우는 것이 쉽다는 가정은 사실이 아닐 수 있지만, 혐의를 입증하는 것이 힘든 이유와, 혐의에 맞서 방어하는 것이 어려운 이유 검토, 그리고 신체적 성^{sex}과 사회적 성^{gender}에 대한 변화하는 사회적 이해가 법 규칙에 어떠한 영향을 끼치는지의 검토는 확실히 법대 수업의 좋은 재료다. 내가 연구실에 매튜 헤일의 초상화를 건 이유에 대해 여성주의 시각에서의 실망을 곁들여 의아해하는 학생도 몇몇 있을 것이다. 그의 초상화를 내가 일하는 공간에 걸어 놓은 이유는, 그의 업적을 치하하거나 치켜세우려는 것이 아니라 우리의 과제가 전통의 이해와 비판임을 인식하기 위해서다. 우리는 그러한 전통과 싸우며 논쟁한다.

전 하버드법대 학장 로스코 파운드는 '법은 반드시 안정적이어야 하지만 그 자리에 정체되어 있어서는 안 된다'고 말했다. 강의실에서 학생들을 가르칠 때면, 나는 여러 세대의 리더와 혁신가들을 배출한(그리고 앞으로도 배출할) 살아 있는 전통 안에서 우리가 함께 공부한다는 것을 민감하게 인식한다. 학생들이 이해하며 유대감을 느끼는 그런 리더와 혁신가들은 법의 안정성을 보호하면서도 정체되지 않도록 노력하는 그런 사람들이다.

우리가 생각하는 방식을 발전시키는 사람들은 우리의 세계를 변화시키고 미래를 공고히 한다. 법학 교수들은 우리의 법률 전통에 대해 비판적인 참여를 가르친다. 헤일의 초상화가 대표하는 것이 바로 이것이다. 그리스월드 학장이 여학생에게 한 질문이 가지는 양면성처럼, 유사하게 오래되었지만, 여전히 현재까지도 울림을 남기고 미해결인 채로 존재하는 것 말이다.

나는 운 좋은 인생을 살아 왔다. 한국인들이 '운'이라고 부르는 것의 축복을 받았던 것이다. 나쁜 일이 일어난 적은 별로 없다. 선생으로서, 학자로서, 그리고 어머니로서 머물 수 있는 진정 좋은 자리를 찾는 과정에서 두 아이를 낳고, 경력을 쌓고, 글을 좀 더 쉽게 쓰는 법을 배우고, 종신교수직을 받는 등 너무나 많은 일들을 노력했다. 그리고 모든 일이 한꺼번에 일어나면서, 나의 결혼생활과 지고한 사랑은 파경을 맞았다. 결혼생활을 잃은 가슴 아픈 경험은 내 삶의 큰 슬픔으로 남을 것이다. 그러나 그 존재를 부인할 수 없는 기쁨과 의미를 내가 받아들인 것처럼, 슬픔 또한 받아들일 것이다. 우리는 우리 아이들의 부모로서 늙어가고 언제나 좋은 친구로 남을 것이다. 그저 처음에 했던 상상처럼 함께하지는 않을 것이다. 복이 많다

아버지 회갑 때 뉴욕에서 가족들과. 2007년.

든가 완벽해 보이는 외양은 어느 순간엔 떨어져 나갈 수밖에 없다. 그때 비로소 사람은 진정한 삶을 보게 된다. 눈에 띄는 지워지지 않는 결함과 함께 항상 그 자리에서 기다리고 있던 삶을.

나의 스승 빌 스턴츠는 2011년에 세상을 떠났다. 파리를 방문중이던 봄방학 어느 날, 전화가 왔다. 수화기 저편에서 말소리가 나기도 전에 눈물이 옷 위로 떨어졌다. 나는 그 학기에 하버드에서 형사소송법 과목을 한창 가르치는 중이었다. 원래는 빌이 정기적으로 가르치던 과목이었다. 화학요법으로 뼈와 가죽만 남은 빌은 내 연구실에 와서 자기 과목을 가져가 달라고 요청했다. 병이 너무 깊어져서 계속 살아서 가르칠 수 없을 것 같다고 사과했다. 빌을 대신해 강의를 시작하기 1주일 전, 나는 연구실 의자 위에 놓인 노란 노트 몇 권을 발견했다. 빌이 손으로 쓴 강의노트였다. 빌이 나에게 보물을 남긴 것이다. 노트 위에는 작은 포스트잇이 붙어 있었다. '이게 유용할 거라고 생각하진 않지만, 혹시 모르니까.'

그 후로 난 빌을 보지 못했다. 어느 추운 겨울 저녁, 예의 '복도산책'을 마친 빌은 집에 갔고, 그 산책이 그가 한 마지막 산책이 되었다. 하버드법대는 52세에 대장암으로 작고한 빌의 부고를 내며 내 말도 한두 마디 인용하고 싶다고 했다. 나는 멍하니 과거 그의 학생이자 조언을 듣던 사람으로서 몇 마디를 하였다. 하지만 그 말은 추모사의 상투어처럼 생명이 없었다.

사후 출간된 그의 유작 『미국형사제도의 붕괴The Collapse of American Criminal Justice』는 빌의 학문적 대가로서의 면모를 대표한다. 그에게 영감을 받아 많은 이들이 형법을 공부하고 그 계통에서 일을 하게 되었다. 빌은 형법에 지나치게 의존하는 미국의 법 체계를 비판했다. 그는 형사처분을 '필요하지만 끔찍한 일'이라 칭하고, 헤프게 사용할 것이 아니라 극히 신중한 적용이 요청된다고 강조했다.

빌은 형법이 제정되고 집행되는 과정에서 병리적 현상과 모순을 포착했다. 그다운 통찰력을 보여 준 예가 1960년대 미국 대법원에 의한 자유주의 관점에 입각한 형사피의자 및 피고인의 헌법상 권리 보호의 확장이다. 정부에 의한 부당한 대우로부터 소수인종과 빈곤층을 보호해야 한다는 목소리에 힘입어 행해진 이 조치는, 의회로 하여금 더 많은 사람을 체포하고 더 오래 수감하기 위한 형량 증가와 범죄 개념의 확대로 이어졌다. 결론적으로, 형사피의자 및 피고인의 권리보호는 되려 소수인종과 빈곤층을 향한 더 많은 체포와 가혹한 징벌을 낳았다. 빌은 정치적, 경제적 인센티브의 왜곡 때문에 어떠한 행위가 의도한 바와 정반대의 효과를 내며 예상치 못한 결과를 낳는 현상에 관심을 가져야 한다고 우리 세대에게 가르쳤다.

스승이 세상을 뜨면 학생은 특이한 상실감을 맛본다. 스승에게 받은 만큼 돌려주며 관대함을 되갚을 기회를 잃었다는 느낌. 빌의 경우 이러한 상실감은 훨씬 더 고통스러웠다. 우리가 자기 일 처리하는 데에 급급했던 반면, 빌은 뭇사람들에게 영감을 주는 지성의 선물과 도덕적 선량함을 나누는 일을 결코 멈춘 적이 없었고, 이러한 그의 선물은 그가 고통을 겪던 여러 해 동안에도 계속되었기 때문이다.

학기의 마지막 수업이 끝나면, 학생들이 교수에게 박수를 쳐 주는 것이 하버드법대의 관례다. 그러한 마지막 수업에 그가 하던 말이 빌의 강의노트에 있었다. 그는 배운다는 것은 공연의 관객이 되는 것이 아니기 때문에, 학생들이 박수를 치는 것을 원하지 않는다고 했다. 수업은 상호간에 나누는 대화이며, 그 와중에 그가 학생들을 가르치는 것만큼 학생들 또한 그를 가르친다고 했다. 자신들이 교수를 가르쳤다는 빌의 말을 학생들이 믿지 않았다는 것쯤은 나도 알고 있다. 하지만 나는 학생들에게 정말 많이 배웠다는 그의 말이 진심 어린 감사의 마음이었다는 것 또한 알고 있다.

나의 차기작은 빌의 사후에야 나오게 되었다. 하지만 빌이 나보고 품으라 했던 야심에 한 발짝 더 다가가게 되는 계기가 되길 바란다. 법 체제에서 '외상 후 스트레스$^{post-traumatic\ stress}$'(트라우마를 초래한 사건 종결 후에도 트라우마가 남아 스트레스를 받는 것) 개념의 확대로 인한 영향력을 논한 책이다. 일상적인 의미에서 트라우마는 감정적인 괴로움이나 충격적인 경험을 뜻한다. 정신의학과 의사들이 병을 앓는 베트남전쟁 퇴역군인들을 진단하면서 처음으로 '외상 후

'The Women of TIME Award'의 수상 소감 연설.[14]

스트레스 장애post-traumatic stress disorder(PTSD)'라는 명칭을 사용했다. 어떤 사건의 기억이 우울증이나 초조함, 악몽, 회상, 불면 등 통제할 수 없는 증상의 고통을 초래하는 것을 병증의 징후로 묘사했다. 의료계의 PTSD 진단의 인식을 이끈 것은 퇴역군인들의 심리적 문제였다. 하지만 트라우마의 언어를 손상harm이라는 법률적 개념으로 대중에게 각인시킨 것은, 성범죄에 초점을 맞췄던 여성운동이었다. 여성에게는 섹스, 남성에게는 전쟁이라는 두 경로를 통해 트라우마란 개념이 형성되고 발전한 것이다.

트라우마의 개념은 그 유례가 없을 만큼 우리 시대에 광범위하게 통용되고 있다. 우리 부모 세대는 거의 알지도 못했던 이 개념이 대중적인 담론과 우리의 법에 보편적으로 존재하게 되었다. 강간과 전쟁이라는 극단적 경우를 넘어 트라우마는 우리 법 체제와 문화의 공통 언어가 되어, 어떤 사건을 경험하거나 목격하는 것이 어떻게 사람을 감정적으로 해치고 훗날 다른 이를 해치도록 유도할 수 있는지 그 이해를 돕고 있다. 나의 다음 책은 트라우마가 어떻게 우리에게 이렇게 광범위한 영향을 끼치게 되었고, 사람을 힘들게 하거나 압도하는 사건을 규정할 때 다양한 삶의 경험을 통틀어 자동적으로 쓰이는 일차적 방법이 되었는지를 다룰 것이다. 본질적으로 기억과 그 정신적 영향에 대한 이론인 트라우마의 커다란 사회적, 법률적 영향력은 손상을 입는다는 의미와 책임을 진다는 의미의 기본인식(인간에 관한 법과 사회의 시각을 구성하는 생각들)을 변형

시키고 있다.

올리버 웬델 홈즈 2세는, 사람은 "다른 분야에서만큼 법 안에서 위대하게 살 수 있다"고 썼다. 내게 있어, 법률 개념에 대한 연구와 법학도들을 가르치는 일은 법 안에서 위대하게 살기를 갈망하는 방법이다.

'하지만 무엇보다도 학교가 우선이다.' 나는 이 말을 믿는다. 학교는 사람을 형성하며, 그 사람들은 제도에 생명을 불어 넣는다. 그리고 제도는 전통을 고수하고 변화를 꾀한다. 신체와 정신, 가치와 미학, 기술의 숙련과 혁신적인 도약, 지적 습관과 사회적 관습이 공존하는 모습을 보라. 학교는 사회의 토대이며, 실천이고, 표준이며, 포부다.

무엇보다 나는
가르치는 사람

무엇보다도 우선적으로 나는 학교 선생이다. 그것이 나의 가장 중요한 직업 역할이다. 나는 학생들에게 그들이 미래에 세계에서 가장 영향력 있는 법률행위자로서 매우 멋진 책무와 힘을 가지게 될 것이라는 사실을 이해시키려고 노력한다. 생각한다는 것의 기쁨과 매력을 거듭 새로이 느끼는 젊은 지성들을 섬기는 안내자의 역할에 질리게 될 일은 없다. 내게 너무나 많은 것을 선사했고, 내 법률적 사고능력을 형성했으며 미국의 법학교육이 태동한 이곳 하버드에서 이 일을 하게 된 것은 내 삶에 주어진 일종의 특권이다. 가르치기와 글쓰기를 통해, 인간이 스스로를 지배하는 도구인 법 전통, 그리고 우리 세계의 법의 지배에 대해 통찰하는 것이 내게 이 특권이 지니는 의미다.

법학교육의 목적은 무엇인가? 법학교육은 명문대 성적표나 학벌만을 뜻하지는 않는다. 법학교육은 심오한 지적 과정이며, 사회화 과정이다. 나는 법대 교육이 인류에게 알려진 것 중 가장 급격한 변신을 도모하는, 흥분되는 교육과정 중 하나라고 생각한다. 법대 교수들이 가르치는 것 중에 중요한 것은 정보가 아니다. 정보는 학생들이 책을 통해서도 얼마든지 배울 수 있다. 우리 법대 교수들이 가르치는 것은 무엇보다도 사고의 방법이다. 이는 사람으로 하여금 자신의 기본원칙들에 대해 의문을 품을 수 있게 만드는 논리적 사고의 습관이다.

법대생들은 의대생들과는 달리 해부용 시체에 칼을 대지 않는다. 그들은 대신 우리 사회의 기초를 이루는 권력과 권위, 합법성과 의미 구조들을 해부, 분석하는 법을 배운다. 그런 점 때문에 법조인의 일이 민주사회에서 근본적으로 중요한 것이다. 단지 책을 파서는 배울 수 없는 내용이다. 실제로 경험해야 한다. 즉, 학생들이 관객이 아니라 적극적인 참여자로서 생생한 실천행위를 하는 것이다. 그래서 더욱 재미가 있다.

우리의 실천이성은 강의실에서 시작된다. 이는 활기찬 참여, 상호반응, 의견 불일치, 토론, 재고의 형태로 나타난다. 이러한 수업방식은 19세기 말 하버드법대 학장이었던 크리스토퍼 랭델이 고안한 것으로, '소크라테스식 교수법'이라는 이름의 형태로 완성되어

"모든 일이 그렇지만 이 또한 연습이 필요하다. 쉬워질 때까지,
아니 즐길 수 있을 때까지 스스로를 밀어붙여 하고 또 하고 반복해야 한다."

ⓒ 《뉴욕중앙일보》

하버드대 연구실에서. 2010년.

오늘날 미국 법학교육의 표준 교수법으로 자리 잡았다. 학생들에게 일방적으로 강의하는 대신, 소크라테스식 교수법을 쓰는 선생은 학생과의 생생한 대화를 통해 실제 사건을 탐구하고 전체 학생들 앞에서 토론한다.

소크라테스식 교수법과 소크라테스식 대화법의 공통점은 교수가 정답도, 궁극적 해답도 없는 질문을 한다는 점에 있다. 다른 점은, 대화법은 추상적인 진리에 대한 순수이성적 질의가 아니라는 점이다. 대화법은 보다 제한적이면서 동시에 보다 실용적이며, 논쟁의 소지는 있지만 더 중요하다고도 한다. 대화법은 17세기 영국 고등법원 왕좌부 수석재판관 에드워드 코크 경이 법의 '기술적 이성artificial reason'이라고 불렀던 것에 대한 탐구다. 왜 법은 '기술적 이성'인가? 법은 순수이성이 아니다. 법은 물론 논리에 기초한다. 하지만 근본원칙을 재창조하지는 않는다. 대신 법은 과거의 사건과 개념들, 즉 선례와 전통, 그리고 논증 위에서 형성된다. 그리고 법이 세상에 초래한 실질적 결과에 의해 판단받게 된다.

우리는 법이 무엇인가를 단순히 가르치기보다는 명확한 답이 없는 문제에 대해 어떻게 생각해야 하는지, 방법론을 가르친다. 졸업할 무렵이 되면, 우리 학생들의 법률적 사고기술은 누구와도 견줄 수 없을 만큼 뛰어난 수준에 올라 있다. 하지만 학생들은 단지 법의 기계적 적용자가 되기 위한 준비를 하는 것이 아니다. 끊임없이 변화하는 현 세계에서 그들은 우리 사회를 유지하는 각종 제도와 법률 체제를 위임받게 된다. 그들은 우리가 아직 윤곽도 잡아내지 못한 새로운 문제를 해결하기 위해 상상력과 용기를 사용하게 될 것이다. 따라서 그들은 법률적 사고의 기술을 이용하는 데 그치지 않고, 그 한계를 뛰어넘어 행위를 초래하는 제도나 체제에 대해 넓게 생각하는 법을 배워야 한다.

우리는 생각하도록 법조인을 훈련시킨다. 하지만 다른 분야의 학생들과 달리, 법조인의 논리적 사유는 정부조직의 권위와 힘을 통해 실제 행위가 되어 사람들의 삶에 현실적인 영향을 미칠 수 있다. 우리 학생들이 극도로 빼어난 법률적 사고기술을 갖춘 직업인이 되는데 그치지 않고, 실용적인 지혜와 절제력, 자비심을 가지고 법을 행사할 수 있는 고결한 인품의 소유자가 될 것인가? 우리가 신뢰할 수 있는 사람이 될 것인가?

'하지만 무엇보다도 학교가 우선이다.' 법대는 법에 의해 관리되는 사회, 그리고 법의 지배를 보장하는 입헌주의 문화의 중심에 있다. 법조인의 훈련은 극히 중요하며 이러한 과정에 일생을 바쳐 일하며 참여하고 있다는 사실이 나는 자랑스럽다. 나는 우리 학생들의 안위를 돌보는 일을 사랑한다. 나는 그들이 사회의 유지를 가능하게 하는 제도들의 수호에 필수불가결한 존재라는 것을 알고 있다. 그들은 세상이 제공해 준 무수한 기회를 통해 지성과 인성을 발

"우리 모두는 우리의 삶을 어떻게 이룰 것인가 선택해야 한다."

전시켰으며 따라서 그 세상을 섬겨야 할 책임이 있다. 나는 학생들에게 그런 책임감을 각인시키는 일이 지극히 자랑스럽다. 그들은 세계의 무수한 곳에서 많은 일을 할 수 있다. 학생들, 과거, 현재, 미래는 학교가 품은 열망을 현실로 실현한다.

한국의 젊은 학생들에게

현 하버드법대 학장 마사 미노우는 다음과 같은 말로 입학생을 환영한다.

"우리는 당신들을 찾기 위해 전 세계를 탐색했습니다."

의심할 바 없이, 현재 교육에 있어서 가장 시급한 문제 중 하나는 국제적인 참여다. 미국의 법대 강의실에서는 많은 한국인 학생들이 한인가정의 자녀로 성장하며 억제되었던 행동들을 여러 측면으로 요구하고 있다. 예를 들어, 존경심을 표해야 할 상대와 어떤 주제에 대해 토론이나 논쟁을 벌인 날이면 나는 집에서 야단을 맞았다. 내가 가르치는 한국인 학생들 중 몇몇은 자신들이 사람들 앞에서 이야기하는 것에 '그저 능숙하지 못하며', 따라서 그런 자질이 요구되지 않는 직업을 추구할 계획이라고 말한다. 물론 한국인 학생들이라고 다 같은 건 아니다. 이러한 문제를 전혀 겪지 않는 것처럼 보이는 한국계 법대생들도 있다.

내가 한국인 학생들에게 가장 자주 하는 조언은, 무엇이든지 자신을 불편하게 하는 것이 있다면, 사람들 앞에서 말하기건, 글쓰기건, 힘들더라도 노력해서 그런 것을 익힐 기회를 찾으라는 것이다. 모든 일이 그렇지만 이 또한 연습이 필요하다. 쉬워질 때까지, 아니 즐길 수 있을 때까지 스스로를 밀어붙여 하고 또 하기를 반복해야 한다. 수업 시간에 기 죽고 자신감 없이 느끼는 것을 개인적 자질이나 결함의 문제라고 생각하는 학생들을 보면 나는 화가 난다. 그렇지 않기 때문이다. 그것은 문화적 차이와 성장배경의 문제다. 심각한 문제이기는 하지만 극복이 가능하다. 학생들은 행동으로 직접 부딪치며, 공부와 처신에 관한 다양한 방법을 숙달하는 법을 익혀야 한다. 언어를 몰라도 일단 강의실에 들어오면 결국은 다른 학생들만큼, 또는 나중엔 다른 학생들보다 말을 더 잘할 수 있게 되는 것과 똑같다. 사람은 특정한 맥락에서 이해되는 언어를 사용하고, 필요에 의해 다른 맥락에서 바꿔 사용할 수 있는 유연함을 배우게 된다. 이쪽은 옳고 저쪽은 그른 차원의 문제가 아니다. 그것은 유창함의 문제다. 즉, 여러 언어를 사용할 수 있는 것과 비슷한, 일종의 문화적 유창함 말이다. 한 언어를 유창하게 말할 수 있게 되었다고

하버드대 연구실에서. 2010년.

"어떤 길을 가든지, 갈등과 실패는 세상의 끝이 아니다."

하버드대 연구실에서. 2010년.

하여 이미 유창한 다른 언어를 못하게 되지는 않는다. 물론 사람은 그 과정에 의해 변하고 영향을 받지만 말이다.

  한국의 문화는 전통주의와 혁신을 향한 추진력이 강렬하고 매혹적으로 조합된 문화다. 그런 문화에 복합적으로 젖어 있다는 점에서 한국인들은 행운이라고 할 수 있다. 한국의 젊은이들이 힘든 이유는, 내면에 존재하는 창조성과 상상의 불꽃을 꽃피우는 동시에 부모와 가족, 공동체가 품은 기대와 씨름해야 하기 때문이다. 나는 성인이 될 나이의 젊은 한국 청년들로부터 인생에 대해 품은 자신들의 소망과 부모의 바람을 어떻게 조화시킬 수 있는지 자주 질문을 받는다. 스스로의 목소리를 찾는 과정에서 젊은이들이 발버둥치고 이리저리 부딪치는 것은 당연한 일이다. 부모들이 최선의 답을 모르는 경우는 종종 있다. 성공과 충족감을 맛보기 위해서는 가정에서 권장하는 행동과 태도에 얽매여서는 안 될 때가 있다. 모험을 감수하고 실수를 저질러 보는 것은 필수적이다.

  내가 소망하여 선택한 일을 하고 있노라면, 아침에 눈 뜰 때마다 일을 시작하고 싶어 기다릴 수 없을 정도다. 활기가 넘치고 사람답게 사는 것 같은 기분이 든다. 최선을 다하고 싶은 느낌이 든다. 좋은 인생으로 가는 길은 너무나 많다. 우리는 무엇을 하는 데 있어 옳은 방법은 하나뿐이라고 생각하는 경향을 버릴 필요가 있다. 한국인들은 놀라울 정도로 다양한 노력을 통해 수많은 분야를 선도하고 있다. 우리는 전 세계에 공헌할 수 있는 모든 다양한 방법을 추구할 필요가 있다.

하버드법대에서는 교수가 종신직에 임명되면, 초상사진이 학교 벽 위에 높이 걸린다. 법대의 전통이다. 초상을 거는 것은 후세를 위한 것으로, 그 교수가 학교를 떠나거나 은퇴하거나 세상을 뜬 다음에도 계속 걸려 있다. 하버드법대 교수들의 긴 행렬에서 내 것은 가장 최근의 초상들이 모인 곳에 있다. 강의실로 향하는 길에 내 초상 옆을 지날 때면 하버드대 캠퍼스투어를 온 한국인 일행이 모여 내 사진을 찍는 모습을 종종 볼 수 있다. 그들에게 내 초상사진은 미국에서의 한국인의 성공을 상징하는 것일까, 생각해 본다. 사람들에게 흥미로운 것은 사실은 석지영이라는 개인이 아니라, 한국 사회에서 특히 두드러지고 깊이 새겨진 교육적 가치 사이에서 내 위치가 대표하는 의미라는 것을 알고 있다. 나는 한국인들이 내게 보이는 관심을 매우 명예롭게 생각한다. 그리고 대학이라는 곳, 연구와 가르침과 지식생산을 위한 장소에서 일하는 일개 교수가 한국인들의 우러름을 받는다는 점은 한국 문화에 대해 많은 것을 시사한다고 생각한다. 하지만 내가 하는 일은 기본적으로 혼자 하는 일이다. 나는 연구실에서 연구하고, 가르치고, 글을 쓰며 대부분의 시간을 보낸다. 그것이 내가 이곳에 있는 이유다.

우리 부모님이 말하길, 우리가 한국에 남았다면 내가 한국의 학제에서 대단한 성공을 거두기는 힘들었을 거라고 했다. 내가 가진 좋은 재능과 장점들, 내 사고방식, 그리고 내가 중요하다고 간주하는 것들은 한국의 학문성취의 세계에서는 그리 높게 평가되지 않았을 것이다. 어린 시절의 좋지 못한 공부습관과 암기능력의 부재, 끊임없는 질문공세, 한눈을 팔거나 여러 가지를 좇는 경향, 그리고 시험에선 흐리멍텅한 본능을 자랑했던 나는 애당초 희망을 버려야 했을 것이다.

사람들이 흔히 생각하는, 전형적인 한국식 교육스타일은 더 이상 사실이 아닐지도 모른다. 이제 한국에서 어린아이가 공부를 잘한다는 것은, 중요한 시험을 통과하기 위해 창조성과 학습의 기쁨을 억누르는 좁은 시야로 기계적으로 암기하는 것을 더 이상 뜻하지 않을 수도 있다.

한동안 나는 토요일 아침마다 보스턴의 한인학교에 내 아이들을 보냈다. 아이들은 둘 다 여섯 살 미만이었다. 아이들은 학교에서 태권도를 배우는 것을 사랑했다. 하지만 공부와 관련된 커리큘럼의 경우, 아이들은 책상에 앉아 아직 이해하지 못하는 한글을 베끼면서 오랜 시간을 보냈다(아이들은 영어도 읽지 못하는 상태였다). 유치원에 가기에도 어린 나이에 시험공부를 하라는 안내를 미리 받고 시험을 치렀다. 웬일인지 아이들은 시험 성적이 좋지 않으면 뭔가 나쁜 일이 생길 것 같다는 인상을 받기 시작했다(아이들의 상상이 그저 제멋대로 부풀어 오른 건지도?). 친구들 앞에서 창피를 당하거나 학교에서 쫓겨날지도 모른다고 생각한 것이다. 좋은 상황이 아니었다. 이런 식의 학습은 놀이처럼 느껴지지 않았고, 정신도 마음도 열리지 않았다. 아이들은 학교를 그만두고 싶다고 애걸했다. 나는 우리 아이들이 한인학교에서 살아남을 만큼 강하지 않다는 사실을 인정할 수밖에 없었다. 그래서 학교를 그만두게 했다. 마음이 좀 안 좋았다. 왜냐하면 아이들이 할머니 할아버지의 모국어를 배우는 것을 좋아했을 것이기 때문이다. 나중에 다시 시도해 보려고 한다.

오늘날에도 한국에서 자라는 초등학생 어린이들은 같은 나이에 미국에서 크는 아이들보다는 학교에 대해 상당히 차갑고 메마른 감정을 느끼는 것 같다. 물론 문화와 교육, 전통, 그리고 사회규범의 어떤 조합 때문에 이러한 차이가 나타나는 것인지 판단하기는 어렵다. 그리고 이러한 차이를 정확히 어떻게 해석해야 하는지는 더욱 어려운 일이다.

내가 아는 것이라면, 여러 발상과 이야기와 상상에 극도로 흥분하여 넋이 나갔던 경험이 어린 나에게 중요했다는 것이다. 나는 권위주의적 환경에서 그런 일이 일어나는 것을 상상할 수 없다. 우리 집이 아이의 흥분과 궁금증이 발전할 수 있도록 자유를 충분히 허락했다는 측면에서 나는 행운아였다. 그런 자유의 샘은 메마른 암

"무엇이든지 자신을 불편하게 하는 것이 있다면, 사람들 앞에서 말하기건, 글쓰기건, 힘들더라도 노력해서 그런 것을 익힐 기회를 찾으라."[15]

기에서 오는 스트레스와 '100점 아니면 빵점' 식의 시험보기(나 또한 한국에서 자라면서 본, 고되고 지루한 한국적 교육스타일의 눈에 띄는 특징들) 때문에 말라버리지는 않았다. 나는 내가 다닌 학교와 나를 가르친 선생님들 덕분에 대기만성이 되었고, 나를 재창조할 기회도 여러 번 누렸다. 그런 기회가 없었다면 나는 나를 만들어 준 학교들에 입학하지도 못했을뿐더러 교수는 더군다나 되지 못했을 것이다. 나의 이야기가 미국의 이야기라는 것은 안다. 그리고 내가 꽃을 피우고 내가 사랑하는 창조적 일을 발견할 수 있었던 것은 미국 대학 덕분이었다.

가족과 함께 어린 나이에 미국 이민을 한 내 경험에서 가장 보람 있는 것 중 하나는, 내가 독자적인 능력을 가진 한 사람의 성인으로서 내가 태어난 나라와 다시 연결될 기회가 제공됐다는 점이다. 한국의 법조인사회와 이민자들의 미국 여정을 높이 평가해 준 한국인들의 도움 덕에 가능해진 일이었다. 나를 인정해 준 한국인들에게 나는 감동받았고, 그러한 인정이 합당한 것이 되도록 최선을 다하고자 한다. 내게 이런 인정은 종신교수직 부여와 비슷했다. 즉, 희망 가득한 미래에 대한 신임투표로서 말이다.

나는 때때로 한국의 문제나 한국이 맞닥뜨리고 있는 장애물, 한국에 필요한 변화 등 한국에 대한 나의 의견, 특히 한국의 교육제도에 대한 의견을 대중 앞에서 피력해 달라는 요청을 한국인으로부터 받곤 한다. 하지만 나는 어린 시절에 한국을 떠나 왔다. 그리고 그 이후 한국에 일정기간 이상 꾸준히 산 적이 없다. 유치원과 초등학교 1학년을 몇 달 다닌 것 외에는 한국에서 교육을 받은 적도 없다. 때문에 한국 교육에 대해 심도 깊은 경험을 가지고 이야기할 수 없는 것이 당연하다. 미국 교육과 대비하여 한국 교육이 지니는 몇몇 차이점은 이미 잘 알려져 있고 눈에도 잘 뜨인다. 하지만 그런 차이점들은 또한 너무 단순해서 완전한 진실이 아닐지도 모르겠다. 예를 들면, 시험과 성적, 도박처럼 큰 모험인 입시, 그리고 젊은이의 평생이 시험의 성패에 달렸다는 자각에 민감한 한국인들이나, 자녀의 시험으로 인한 고민으로 방에 틀어박히거나 자리보전 한다는 한국의 어머니들. 이 이야기들은 단지 허풍에 불과한가? 나는 물러빠진 미국인일지 모르지만, 배움을 향한 깊은 사랑이 어린 시절의 공포와 연루되면 안 된다고 믿는다. 오늘날, 유치원이건 고등학교건 또는 법학대학원이건 간에, 나를 포함한 우리 교육자들은 학습을 재미있는 것으로 생각하기 때문에 학습과정에서 흥분과 놀라움의 감각을 심어 주기를 원한다. 물론 한국의 어린이들이 같은 또래 미국 어린이들보다 구구단이나 철자를 더 빨리 익히고 더 잘 안다는 것은 쉽게 확신할 수 있다. 어느 쪽이 객관적으로 더 바람직한지 내가 자신 있게 말하기는 힘들다. 하지만 내가 미국에서 자라면서 받은 문화적 영향의 결과로 내가 내 아이들과 학생들을 위해서 어느 쪽을 선택할지는 안다. 비교할 필요도 없다.

나는 게임을 할 준비를 하고 수업에 오는 학생들을 사랑한다. 위험을 감수하고 새롭게 다른 가능성을 시도하고, 기정사실화된 가정들에서 벗어나려고 하며, 불편을 느끼거나 틀릴 가능성을 마다하지 않고, 자신에게 던져진 커브볼을 받다가 흙바닥에 구를 의향이 있는 학생들을 사랑한다. 나는 모든 유형의 다양한 한국인 학생들을 알고 있다. 자녀가 말과 논쟁의 기술을 키우는 것을 방해하고 가족 내에 머무르게 하려는 한국의 문화적 성향에서 비롯된 결과만 제외한다면, 한국인 학생집단만이 가지는 뚜렷한 특징은 본 적이 없다. 내가 선생으로서 학생들이 한국인인지 아닌지 그다지 관심을 두지 않는다는 점은 인정한다. 그들은 그저 내가 돕고 싶은, 나의 학생일 따름이다.

2011년에 나는 한국 독자들을 위해 《동아일보》에 일련의 칼럼을 게재할 기회를 얻게 되었다. 미국법과 법률교육에 대한 내 단상에서 비롯되는 문제들이 주제였다. 당연한 말이지만, 나는 칼럼을 쓰면서 미국 법학자로서 내가 쓰는 칼럼이 한국 사회의 상황과 연관이 있다는 인상을 한국 독자들이 받을 것인지 의아한 마음이 있었다. 놀랍고 기쁘게도, 내 글이 미국의 법과 사회 연구에서 비롯된 것임에도 불구하고 한국 독자들은 많은 공감과 동조를 보여 주었다. 연구와 경험을 통해 내가 잘 알게 된 미국의 정황에 대해 칼럼을 쓰고, 그렇게 쓰인 내 생각이 번역되어 모국이지만 속속들이 알지는 못하는 문화와 사회에 연결될 수 있다는 것, 그리고 그런 과정을 통해 내가 한국 독자들과 소통할 수 있다는 것은 실로 흥분되는 일이었다.

나는 한국계 미국인이다. 그래서 한국의 사회적, 법적 문제에 대해 의견을 피력해 달라는 요청을 이따금씩 받지만, 그런 요청을 받아들이는 것은 주저하게 된다. 한국은 내 학문적인 전문분야가 아니다. 한국의 문제점을 평가하고 진단하고, 판단할 능력과 자격이 내게는 없다. 나는 사람은 무릇 자신이 모르는 것에 관해서는 말을 삼가는 게 좋다고 생각한다. 예를 들면, 나는 위안부에 대해 쓴 적이 있지만 그것은 내가 잘 알고 있던 미국연방법원에 제기된 소송을 배경으로 미국법의 시각을 설명하기 위해서였다. 하지만 앞으로 시간은 많다. 다문화적 성찰과 문화의 변환, 공부와 글쓰기와 여러 생각 및 발상을 통해 보다 깊은 수준으로 한국의 일에 관여하고 싶다는 희망을 가지고 있다.

한국 독자를 위해 이 책을 써 달라는 요청을 받았을 때, 나는 한 이민자의 이야기를 한다는 생각에 흥분했다. 그러나 어떻게 살 것인가의 문제, 혹은 어떻게 성공적인 아이들로 키울 것인가에 대해서는 내가 한국 독자에게 가르칠 만한 권위 있는 목소리가 될 능력이 없다고 느꼈다. 그것은 이 책의 목적이 아니다. 나 자신의 이야기를 나누고, 그 이야기가 한국인들과 공명하기를 바라는 것이 이 책을 통해 내가 할 수 있는 것의 전부다. 나는 교훈을 주거나 가르치는 식으로 글을 쓰는 것을 잘 못한다. 그것은 내 스타일이 아니다. 그 점에 대해서는 독자들에게 미안하게 생각한다. 그러나 나의 이야기에서 약간의 교훈을 찾기를 원하는 독자들도 있다는 것을 알기 때문에, 나의 원칙과 소견을 몇 가지 이야기하며 마무리하고 싶다.

2011년에 서울을 방문했을 때, 나는 부모님의 모교인 서울대학교와 이화여자대학교를 포함해 여러 대학교에서 학생들을 상대로 강연을 할 기회가 있었다. 한국 법조계의 저명인사들은 친절하게도 헌법재판소장 및 법무부장관과의 만남을 연달아 주선해 주었다. 나의 서울 방문은 놀랍게도 팬의 관심과 한국 언론의 주목을 받았다. 그들과 대화하면서 나는 '엄친딸'이라는 표현을 아는지, 그리고 왜 내가 그렇게 불리는지 아는가, 라는 질문을 여러 번 받았다. 나는 몰랐다.

사람들은 다음과 같이 그 표현에 대해 설명해 주었다. '엄친딸'은 곧이곧대로 해석하면, '엄마 친구의 딸'이라는 뜻으로, 재능 많고 예쁘며 총명한, 전형적인 이상형 딸, 우리 엄마가 계속 완벽하다며 언급하는 그런 여자를 가리키는 호칭이었다.

그 표현의 의미를 들었을 때 나는 흠칫 놀랐으며, 경악을 금치 못했다는 것을 인정한다. 칭찬이라는 사실은 고마웠지만 '엄친딸'이라는 별명을 기쁘게 받아들일 수는 없었다. 엄마가 친구의 완벽한 딸에 대해서 계속 이야기하면서 딸의 모범이나 부모의 바람이라도 되는 양 그 아이를 치켜세우는 것은 매우 짜증나는 일이다. 나도 우리 엄마가 당신 친구분들의 딸에 대해 그만 좀 얘기하고 더 이상 상관하지 않았으면 좋겠다고 바란 적이 있었다. 남의 딸에 대한 어머니의 반복적인 언급에 암묵적으로 스며 있는 비교는 딸을 외롭고 상처받게 할 수 있다.

나는 두 아이의 어머니이고, 그런 나의 역할로부터 영향받기도 한다. 아이들은 다른 아이가 얼마나 완벽한지 자신의 엄마가 거듭 이야기하는 것을 들을 필요가 없다. 결국 엄마는 말만 하지 않는 것일 뿐, 누가 더 자랑스러운 애인지 은연중에 이야기하는 것이나 마찬가지다. 아이들은 자신들의 열정과 관심사와 추구하는 바를 듣고 인정해 주고 계속 발전시켜 주는 어머니가 필요하다. 아이들은 엄마나 엄마 친구들한테 재능 있고, 예쁘고, 똑똑한 모습을 보여서가 아니라 그들 자신의 모습 그대로 조건 없이 사랑받고 아낌받고 있다는 것을 느끼며 자라야 한다.

누군가의 어머니가 다른 집 아이들을 완벽하다고 칭찬하면서 자기 아이를 다른 집 아이들에게 비교하는 현상을 표현한 수사적 이름표가 나한테 붙었다는 생각에 나는 움찔했다. 그러한 가상의 어머니들과 아이들에게 가능한 한 빨리 몇 마디 전해 주고 싶어졌다. 또한 이 책을 써서 내 이야기를 전해 주고 싶어졌다.

내 이야기에서 뭔가 전해진 것이 있기를 바란다. 그것은 성장이 요구하는 불완전함을 받아들이라는 것이다. 내 생의 여정에서 가장 소중한 부분은 점차 커졌던 자유였다. 즉, 생각하고, 일하고, 사랑하고, 놀 자유. 완벽하려고 애쓰는 이가 자유를 느끼는 것은 불가능하다. 아프기만 할 뿐이다! 내가 사랑하는 것을 발전시키는 단련은 매우 보람차다. 하지만 완벽해서가 아니다. 나는 완벽할 수 없다. 내 아이들에게도 바라지 않는다.

나는 완벽한 어머니가 아니다. 주위에서 최고의 어머니도 아니다. 그저 이 정도면 좋지, 하는 정도다. 내 어머니가 나를 기르며 24시간 쏟았던 관심으로 내가 아이들을 기르고 있지 않다는 것은 굳이 따로 언급할 필요도 없다. 나는 하루 8시간을 일하는 법대 교수다. 전문적 경력을 쌓기 위하여 엄청난 노력을 한 여성들이 으레 그렇듯, 나는 어떻게 '일과 삶의 균형적 조화'를 이루는지에 대해 꾸준히 질문을 받는다. 아마도 내가 가장 많이 받는 질문일지도 모르겠다.

내 대답은 간단하다. 균형적 조화를 이루지 '못'한다. 일과 삶은 내가 '균형'을 잡을 수 있게 마주보고 서 있는 기둥이 아니다. 그런 시도가 내게는 어리석게 느껴진다. 나는 일하며 삶을 건사하고 삶을 건사하며 일을 한다. 일과 놀이는 같이 간다. 일이 가끔 놀이처럼 느껴질 때가 있다. 우리 아이들이 나에게 선사하는 즐거움은 말로 표현할 수가 없다. 그리고 나는 내 일이 존재하지 않는 행복은 상상하기가 매우 힘들다.

내가 아이들의 솟아나는 관심사와 아이들이 추구하는 일에 열렬히 관여하고 싶은 만큼, 내 아이들도 내 연구 프로젝트와 글쓰기에 대해 이야기한다.

"그래서 엄마, 요새는 무슨 일을 하세요?" 아이들이 묻는다.

나는 대답한다. 보석에서 수감까지 이르는 형사 절차, 왜 국가가 나쁜 일을 저지른 사람을 처벌하는지, 사형제 찬반논쟁, 대법원이 어떻게 임신중절을 헌법상의 권리라고 인정했는지, 또는 왜 우리가 저작권법을 가지고 있는지 설명할 때도 있다.

나는 아이들과 책을 읽는다. 특히 내가 어린 시절 사랑했던 책을 읽는다. 새로운 발상과 장소를 함께 발견하면서 즐긴다. 나는 여행이나 모험을 떠날 때 아이들을 가능하면 데려가려고 한다. 아이들에게는 학교 개근보다 그게 더 중요하다고 믿기 때문이다. 세계에서, 이 나라에서, 또는 우리 학교나 공동체에서 일어나고 있는 일에 대해 토론한다. 나는 아이들의 열정에 귀 기울이고 더 키워 주려고 노력한다. 우리는 웃고, 웃고 또 웃는다. 종종 내가 일을 하느라 떨어져 있으면 아이들은 선생님이나 가족, 도우미, 또는 친구들 등 다른 사람들과 노느라 바쁘다. 엄마랑 더 오래 있었으면 좋겠다고 아이들이 바랄 때가 가끔 있다. 나도 아이들하고 함께하고 싶지만 대신 일을 선택하는 날이 가끔 있다.

위의 어떤 것도 예의 '일과 삶의 균형적 조화'에 나오는 균형처럼 느껴지지는 않는다. 우리는 생활하면서 일하고, 일하면서 생활한다. 여기에 공식은 없다. 그저 하고 싶은 일의 추구와 기쁨과 고통과 실망이 함께 어우러지는 일상적인 삶이 있을 뿐. 그것은 무척 불완전하다. 우리는 다음날 일어나 다시 생활을 시작한다.

우리는 종종 여성이 '모든 것을 다 가질' 수 있는가에 대해 말하는 것을 듣는다. 그것이 과연 온당한 포부나 소망, 아니 권리인 것처럼 말이다. '모든 것을 가진다'는 담론이 여성이 언젠가는 남성이 가진 것을 똑같이 가질 수 있게 됨을 암시하는 것이라면, 그건 틀린 명제다. 그 누구도, 남성도 여성도, '모든 것을 가질' 수는 없다. 자기 직종에서 뛰어난 실력을 발휘하여 최고 수준에 도달하고자 하는 사람이 있는가? 그렇다면 그 사람은 엄마건 아빠건 간에 전업부모가 될 수는 없다. 아니, 전업이 아닌 반업 부모도 되기 힘들 것이다. 무리한 시도를 하면 건강을 망치는 위기를 맞을 수밖에 없는데, 그렇다면 다 가진다는 것이 무슨 의미가 있는가. 아이들에게 관심을 듬뿍 주는 애정 어린 부모는 확실히 될 수 있겠지만, 아이들과 실제로 함께하는 시간은 매우 제한적일 것이다. 그것이 진실이다.

"스스로에게 가끔은 선물을 하라."

사람들은 내가 그렇게 바쁘게 살면서 시간을 어떻게 관리하는지 종종 묻는다. 매일 다르다. 강의하는 날에는 강의 준비와 강의, 그리고 학생 면담에 주로 시간을 할애한다. 연구하고 글을 쓰는 날에는 학교 연구실이나 집의 책상 앞에 주저앉아 한동안 글을 쓰고 한동안은 자료를 읽는다. 회의와 워크숍, 동료와의 점심 등이 끼어든다. 일과 관련된 저녁식사나 친구들과의 저녁식사도 있을 수 있다. 때때로 강연이나 세미나를 위한 출장도 간다. 적어도 이틀에 한 번은 몸을 움직이려고 노력한다. 필라테스나 요가, 또는 테니스가 내가 하는 운동이다. 초저녁에는 아이들과 함께 식사를 하고 책을 읽고 목욕을 시키고 잠을 재운다. 아이들이 잠든 후에는 사무작업이나 집안일을 한두 시간 정도 한다.

어찌 보면 간단해 보이지만, 실제로는 훨씬 고되다. 평상시에 나는 금요일 밤이면 좋겠다, 여름이 오면 좋겠다, 바라면서 몇 주 몇 달을 허둥대며 보낸다. 금요일 저녁이나 여름에는 숨을 쉴 수 있다. 숨을 쉰다는 것은 글을 쓰고, 놀고, 친구를 오랜만에 만나고, 아이들과 오랜 시간을 함께 보내고, 요리를 할 수 있는 자유와 공간이 더 많아지는 것을 뜻한다. 나는 언제나 일상의 스케줄을 일관되게 짜려고 굳게 다짐한다. 단순화하고 또 단순화하겠다고 결심한다. 스케줄의 원활한 관리는 사실 현실이라기보다는 포부에 가깝다. 어떠한 상황에서도 나는 어떻게든 시간을 내 예쁜 생화를 꽃병에 꽂아 놓고 일할 때 가끔 쳐다본다. 내가 제일 좋아하는 꽃은 작약이다.

우리 모두는 우리의 삶을 어떻게 이룰 것인가 선택해야 한다. 가급적이면 우리가 높이 사는 가치와 소망, 그리고 우리가 선호하는 것을 반영하는 선택이면 좋을 것이다. 선택을 한 후에는 그에 맞춰 시간을 배분하고 그 선택에 따라 살아간다. 그렇다, 직장은 아이를 가진 노동자에게 보다 우호적인 방향으로, 그리고 노동시간의 유연성을 허용하는 방향으로 진화해야 한다. 그러나 어떤 일에 뛰어나고자 하는 이에게 지름길이란 없다는 가장 기본적인 문제는 해결되지 않는다. 매일, 매주, 매달, 매해, 그 일을 하며 많은 시간을 투자해야 한다. 학문이든 과학이든 아니면 예술이든 양육이든, 남녀 구별 없이 다리가 휘청거릴 정도로 엄청난 시간을 투자해야만 매우 높은 수준에서 그 일을 할 수가 있다. 이것은 부인할 수 없는 현실이다(그러므로 당신의 목표가 그렇게 높다면, 당신이 정말 좋아하는 일을 할 것을 권하고 싶다). 설사 사회가 개혁되어 일과 자녀 양육을 모두 원하는 남녀들에게 보다 나은 환경을 제공한다 하더라도, 이 현실은 변하지 않을 것이다.

에필로그

무엇보다 자신이
사랑하는 일을 찾아라

우리 모두 장영주나 김연아가 될 수는 없다. 그래도 괜찮다. 대부분의 사람들에게 무언가를 추구하는 행위의 핵심은 그 과정에서 풍부한 지식과 경험을 습득하고 긴 인생 동안 보람과 기쁨을 누리는 것에 있다. 예를 들어, 음악은 가장 위대한 인간의 창조물이자 선물의 하나다. 자신이 요요마가 될 수 없다는 것을 깨달았다고 해서 음악 공부를 멈춘다면, 이 세상의 많은 사람들이 인생에서 놀라운 의미의 원천이 될 수 있는 것의 발전을 쓸데없이 멈추는 셈이 될 것이다.

나는 춤을 계속 추지 않은 것을 후회한다. 나는 아직도 슬프다. 가슴 아픈 상실이었다. 그때 이후로 내 인생의 반 이상이 지나갔다. 물론 인생에는 그보다 훨씬 나쁜 일들이 일어난다. 하지만 나는 어린아이의 열정을 불어 꺼버리지는 않을 것이다. 내가 계속 춤을 추었다면 아마도 많은 친구들처럼 나 또한 부상을 입거나 실력이 충분하지 않다는 이유로 결국에는 그 꿈을 포기했을 것이다. 실제로 전문 무용수가 되었다 하더라도 그 길이 길지는 못했을 것이다. 지금쯤이면 두 번째 직업을 가지고 있을지도 모른다. 지금 법대를 마치고 막 법학자의 길을 걷기 시작했을 수도 있겠다! 내가 너무나 사랑하는 일을 찾았다는 점에서 나는 참 운이 좋다. 나는 나의 삶을 사랑한다. 이런 삶을 사는 게 당연한 권리라고는 여기지 않는다. 하지만 내 이야기의 끝이 좋다고 하여, 창조적인 일을 향해 스스로의 힘으로 열정적으로 내닫는 아이의 앞을 막는 게 현명한 생각이 되는 것은 아니다. 어린아이의 열정은 매우 소중하여, 계속 키우고 아껴 주어야 한다.

나는 젊은이들이 자기가 사랑하는 일을 발견하고 추구할 기회를 누리기를 바란다. 여러 가지 발상과 활동, 열정, 그리고 자신들을 온전히 인간적으로 만드는 생각들을 추구하기 바란다. 다른 사람의 기대에 맞춘 이미 정해진 길이 아니라, 자신들의 열정을 따라야 한다. 모두가 똑같은 일을 하면 안 된다. 우리는 우리의 자유를 이용하여 다양한 방법으로 성장해야 한다. 멋진 삶으로 향하는 너무도 다양하고 많은 길들이 존재한다. 그러한 자유의 가능성을 열어 보지 않는다면 교육이나 가르침, 양육이 대체 무엇이겠는가?

나는 학생들에게 말하고 싶다. 어떤 것이 재미있다는 생각이 들고 자신의 마음을 끈다면, 그것에 귀를 기울이고 마음을 열어라. 만약 나를 아침에 벌떡 일어나게 하는 일이 있다면, 그 일을 하라. 어떤 부모들은 이런 질문도 할 것이다. 우리 아이가 영화나 야구에만 열광하면 어쩌죠? 그것 또한 열정이다. 열정의 정확한 내용보다는 열정이 있다는 사실이 훨씬 더 중요하다고 생각한다. 그게 아이가 필연적으로 영화제작자나 야구선수가 된다는 걸 의미할까? 그럴 수도 있고 아닐 수도 있다. 하지만 열정적인 시도의 경험은 훗날의 인생을 위한 배움의 모델이 된다. 사람으로 하여금 마음을 열고 그들의 삶을 충족시킬 수 있는 성향을 갈고닦는 것을 가능하게 만든다.

부모는 자녀들을 위해 기회를 만들어 줄 수는 있다. 하지만 자녀들이 무엇을 하게 강제할 수는 없다. 자녀가 그들의 관심사를 가지고 앞으로 나아가도록 내버려 두라. 그들이 날아오르는 모습을 보게 될 것이다. 나는 부모님이 내게 주신 어마어마한 선물들을 소중히 여긴다. 그 선물을 빚이나 부담, 의무라고 생각하지 않으며, 나를 자유롭게 하는 행위로 보고 감사하려고 한다.

어떤 길을 가든지, 갈등과 실패는 세상의 끝이 아니다. 갈등과 실패의 공포가 슬며시 찾아들 때도 기꺼이 모험하고자 하는 마음이 남아 있기를 바란다. 무엇에 실패한다고 해도, 도망가지는 말자. 그것이 불가능할 정도로 너무 힘들다면, 한 발짝 살짝 내딛어 보고,

또 한 발짝 내밀어라. 위험을 감수한다는 것은 타인의 기대를 거스르는 일이 될 수도 있다. 두려움이나 수치심에 휘둘리게 된다면 성공은 불가능하다.

영어 한 마디 못하면서 미국의 교실에 앉아 있었을 때, 스스로의 무능에 대한 공포와 수치심은 내 어린 마음속을 잠식했다. 이민자들에게는 공통적인 경험이다. 어린아이였을 때 매일 학교에서 살아남는 것은 그 자체로 괴로운 시련이었다. 하지만 필요에 의해서 나는 다언어 및 다가치polyvalent라는 이민자생활의 본질과 대면할 수밖에 없었다. 우리는 언어처럼 문화에서도 유창해질 수 있다. 이민으로 인한 언어적 고립을 맛본 나의 경험은 하나의 모델을 형성했다. 그 안에서 나는 완전히 무지한 상태에서 출발해, 다양한 사회제도적 배경에서 기능하기 위해 필요한 도구를 완벽하게 익히게 되기까지의 과정을 반복하여 되풀이했다.

이 모두를 헤치고 나가는 중에도, 위안을 찾을 수 있는 내면세계를 발전시키는 것이 중요했다. 바깥세상을 내다보기 위한 내면의 등불이라고 할까. 어린 시절부터 내가 백일몽에 잠겨 보낸 시간은 어마어마하다. 물론 그때도 책이 있었고, 지금도 책이 있다. 그저 집에 앉아서 책을 읽고만 싶어서 스스로가 게으르고 보잘것없이 느껴지는 날이면, 나는 여전히 다른 책으로 나를 위안하며 마르셀 프루스트가 한 말을 떠올린다. "아마도, 우리의 유년 시절에서 가장 충실하게 산 날은 우리가 쓸데없이 소일했다고 믿는 그런 날일 것이다. 좋아하는 책을 읽으며 보낸 그런 날." 그 좋아하는 책이 나에겐 프루스트의 『잃어버린 시간을 찾아서』다.

책읽기와 연구는 내 직업의 핵심과 밀접한 관계에 있기 때문에 나는 일을 위해 읽는 책과 순전히 재미로 읽는 책을 구분하는 걸 좋아한다. 물론 두 종류는 결국은 뒤섞이게 마련이지만. 나는 얼마간의 시간만큼은 오로지 즐거움을 위해서만 책을 읽고, 가능하면 일과 관련된 책은 전혀 읽지 않겠다는 규칙을 세웠다. 픽션과 논픽션, 시 등등 즐거움 때문에 읽는 책은 공부로 간주하지 않으려고 노력한다. 나는 어린아이처럼 책읽기의 경이로움을 누리는 것이 정말 좋다. 책에 들러붙어 무아지경에 빠져 있다가 밤을 꼬박 새고 싶지는 않지만, 한편으로는 간절히 그러길 바란다.

나 같은 다수의 사람들에게 책읽기와 생각하기를 통해 흡수한 자양분은 글쓰기에 대한 욕망으로 이어진다. 무언가를 생산하고 만들고 싶어 하는 버릇은 음식을 향한 필요와도 같다. 한동안 없이 지내면 배가 고프다. 하지만 나는 글이 막히는 현상 때문에 오랫동안 곤욕을 치렀다. 글쓰기와 인생에 있어 사람은 어떻게 꽁꽁 얼어붙은 감각의 감옥에서 탈출할 수 있는가? 내 지성의 발전사에서 풀고 싶은 미스터리 중의 하나다. 나는 그날그날에 맞는 소박하고 운영 가능한 목표를 세우려고 노력해 왔다. 해야 할 일이 엄청나게 거대하게 느껴지면 그에 압도되어 글길이 막혔기 때문이다. 그래서 나는 기대치를 낮추려고 시도했다. '하루에 250단어'라는 소소한 목표로 시작해, 매일 조금씩 목표를 높여갔다. 하루에 2,000단어를 초과해서 글을 써 본 적은 없는 것 같다. 하지만 목표의 수치에 상관없이 나는 미리 목표를 세우고 도중에 바꾸지 않으려고 애쓴다. 일단 목표를 달성하면 일을 할 수 있는 시간이 남더라도 멈춘다. 이는, 내가 목표에 도달하면 상을 받게 된다는 의미다. 아이들과 놀거나 저녁 외식을 나갈 수 있다. 소설을 읽어도 되고 콘서트에 갈 수도 있다. 영화를 봐도 된다. 일의 양을 늘려 우리의 시간을 일로 다 채우면 안 된다. 목표를 달성했을 때는 스스로에게 명확한 보상이 있어야 한다. 때때로 나는 글쓰기 목표를 달성하면 예쁜 꽃 한 다발을 나 자신에게 선물하기까지 한다.

그저 시간을 들여 많이 쓰고 훌륭한 작가의 글을 많이 읽는 것 외에, 글쓰기를 발전시킬 방법은 없다. 각자에게 잘 맞는 글쓰기 스타일이 있다. 하지만 독자의 입장에서 내가 가장 매력적이라고 느끼는 글은 간결하고 투명한 글이다. 글쓴이의 생각의 깊이와 복잡성에 접근할 수 있기 때문이다. 나는 더 명확하게 글을 쓰기 위해 열심히 노력한다.

내가 위대한 지혜를 많이 축적했다고 주장할 수는 없다. 하지만 나는 어떻게 살고 싶은가에 대해서 몇 가지 열망이 있다.

우리는 법을 통해 우리를 다스린다. 나는 그것을 가능하게 하는 여러 발상과 개념을 더 잘 이해하고 싶다. 법이 우리 인생에 끼치는 효과와 의미의 지식을 생산하기를 열망한다.

나는 교육을 숭고하고 핵심적인 길로 만들어 가는 일에 참여하기를 열망한다. 그 안에서 사람은 자유로이 생각하고 진실을 말할 수 있으리라. 나에게 너무나 많은 것을 주었던 학교들과 공동체에 진 빚을 갚고자 한다. 나의 스승들이 주었던 것을 내 학생들에게 풍부하게 주기를 열망한다.

나는 젊은이들이 나의 세대보다 더 많이 알고 더 멀리 갈 수 있도록 그들이 가진 잠재력을 키워 주기를 열망한다. 학생들이 자신의 목소리를 발전시키고 그 안에서 탁월함과 진실함을 키우도록 돕기를 열망한다. 갖가지 발상으로 가득 찬 세계에서 그들의 창조성과 경이로움이 깨어날 수 있도록 도울 수 있기를 열망한다. 사람들의 인간애와 그들이 모르는 사람들의 인간애를 결코 잊지 말 것을 당부한다.

나는 내가 사랑하는 사람들과 함께하면서 기쁨을 주는 것들을 나누기를 열망한다. 아프고 힘든 사람에게 충실하고, 연민의 마음을 가진 벗이 되기를 열망한다. 친구가 나를 돕는 것을 허용하기를 열망한다. 인생이 급박하고 바쁘게 느껴져도 모임에 나가고자 한다.

평생을 사는 동안 친구들을 내 곁에 가까이 두기를 열망한다.

　단순하게 살고자 한다. 내가 하고 싶은 일을 추구하기를 열망한다. 성취 가능한 목표를 설정하려고 한다. 잠을 충분히 자고자 한다. 하고 싶어 견딜 수 없어 아침에 눈이 번쩍 떠지는 그런 활동에 참여하기를 열망한다. 새로운 것을 시도하기를 열망한다. 불완전함을 받아들이기를 열망한다.

　마지막으로, 나는 즐기고자 한다. 열심히 일하고 열심히 노는 것을 열망한다. 일을 놀이로 만들고자 한다. 가능한 한 자주 다른 사람들과 함께 웃으려고 한다. 스스로를 농담거리로 삼고자 한다. 재미는 전염되는 것. 재미만 있다면 아무리 힘든 일도 할 만하다. 재미 없이는 난 살 수 없다. 당신도 마찬가지다. 그러니 물어보라. 너무나 재미있어 내 능력껏 시도해 보고 싶은 일이 무엇인가. 가능하면 그것을 할 수 있도록 추진하라. 그리고 그것을 할 수 있도록 힘껏 노력하라.

감사의 말

이 책을 위해 도움을 주신 모든 분들께 감사의 말씀을 드린다. 특히 북하우스 출판사Bookhouse Publishers의 편집자들, 와일리 에이전시 The Wylie Agency의 앤드루 와일리Andrew Wylie와 제임스 풀런James Pullen, 밀크우드 에이전시Milkwood Agency의 이주연Alex Lee 대표, 닐 브레너Neil Brenner, 애너벨 창Annabel Chang, 노아 펠드먼Noah Feldman, 에이미 핑켈스타인Amy Finkelstein, 제이콥 거슨Jacob Gersen, 스코트 헴필Scott Hemphill, 재닛 카츠Janet Katz, 데이비드 콘David Korn, 알리사 래리Alyssa Lary, 앤서니 마리아노Anthony Mariano, 어머니 최성남, 아버지 석창호, 테리 티치아웃Terry Teachout, 그리고 선샤인 인Sunshine Yin에게 감사드린다. 또한 마사 미노우Martha Minow 하버드법대 학장 및 법대 동료교수들, 친구들께도 감사의 말을 전한다. 수년간 여러분들과 나눈 이야기 덕분에 이 책이 가능했다. 이 책에 오류가 있다면 모두 나의 잘못일 것이다. 매혹적인 장소에서 영감을 주는 조용한 환경과 멋진 사람들 곁에서 원고를 쓸 수 있도록 해 준 창작레지던시 맥도웰 콜로니 The MacDowell Colony 측에도 감사드린다.

인용 출처

＊본문에 인용한 시들은 저작권 허가를 받아 재인용하였음을 밝힌다.

01. 「집은 조용하고 세상은 고요하네The House was Quiet and the World was Calm」, 월리스 스티븐스 지음, 송연수 옮김, *The Collected Poems of Wallace Stevens*, Alfred a Knopf Inc, 1954; 2008.

02. 「학교 아이들 사이에서Among School Children」, W. B. 예이츠 지음, 송연수 옮김, *The Collected Works of W. B. Yeats Vol. 1*, Scribner, 1997.

03. 「이니스프리 호도」, 『첫사랑─세계시인선 11』, W. B. 예이츠 지음, 정현종 옮김, 민음사, 2001.

04. 「은유」, 실비아 플라스 지음, 송연수 옮김, *Collected Poems*, Buccaneer Books, 1998.

05. 「깨진 이미지들In Broken Images」, 로버트 그레이브스 지음, 송연수 옮김, *The Complete Poems Vol. 1*, Carcanet Pr, 2001.

06. 「북쪽 농장에서At North Farm」, 존 애쉬베리 지음, 송연수 옮김, *John Ashbery: Collected Poems 1956-1987*, Library of America; First Edition edition, 2008.

07. 「채프먼의 호메로스를 처음 읽었을 때」, 『빛나는 별: 낭만주의 시인 존 키츠의 러브 레터와 대표 시』, 존 키츠 지음, 허현숙 옮김, 솔, 2012.

08. 「교감」, 『악의 꽃』, 샤를 보들레르 지음, 윤영애 옮김, 문학과지성사, 2003.

09. 「전생」, 『악의 꽃』, 샤를 보들레르 지음, 윤영애 옮김, 문학과지성사, 2003.

＊사진들은 국내 언론사 등에서 사용 허가를 받았다.

10. 214쪽 _《동아일보》 2010년 12월 12일자.

11. 217쪽 _《중앙일보》 2011년 12월 10일자.

12. 218쪽 _《연합뉴스》 2011년 12월 5일자.

13. 221쪽 _《연합뉴스》 2011년 1월 14일자.

14. 229쪽 _《연합뉴스》 2011년 12월 1일자.

15. 247쪽 _《한국경제신문》 2010년 11월 14일자.

＊일부 인용한 저자의 도서는 다음과 같다.

The Trajectory of Trauma: Bodies and Minds of Abortion Discourse, 110 Columbia Law Review 1193, 2010.

『*At Home in the Law; How the Domestic Violence Revolution Is Transforming Privacy*』, Yale University Press, 2009.

The Law, Culture & Economics of Fashion, 61 Stanford Law Review 1147(C. Scott Hemphill과 공저), 2009.

옮긴이 **송연수**
서울에서 나고 자라 한국과 미국에서 공부했다.
『딜리버링 해피니스』를 비롯해 여러 책을 우리말로 옮겼다.

내가 보고 싶었던 세계 by Jeannie Suk

Copyright ⓒ 2013, Jeannie Suk
All rights reserved.

This Korean translation published by arrangement with Jeannie Suk c/o The Wylie Agency (UK) through Milkwood Agency.

내가 보고 싶었던 세계
ⓒ 석지영 2013

1판 1쇄   2013년 1월 10일
1판 4쇄   2013년 2월 8일

지은이   석지영
옮긴이   송연수
펴낸이   김정순
책임편집 이선희
디자인   김진영
마케팅   김보미 임정진 전선경

펴낸곳   (주)북하우스 퍼블리셔스
출판등록   1997년 9월 23일 제406-2003-055호
주소   121-840 서울시 마포구 서교동 395-4 선진빌딩 6층
전자우편   editor@bookhouse.co.kr
홈페이지   www.bookhouse.co.kr
전화번호   02-3144-3123
팩스   02-3144-3121

ISBN 978-89-5605-620-3 03810
     978-89-5605-619-7 03810(세트)

＊이 책의 판권은 지은이와 북하우스에 있습니다.
   이 책 내용의 전부 또는 일부를 재사용하려면 반드시 양측의 서면 동의를 받아야 합니다.
＊이 도서의 국립중앙도서관 출판도서목록(CIP)은 e-CIP 홈페이지(http://www.nl.go.kr/cip.php)에서
   이용하실 수 있습니다.(CIP2012006062)